세잔 사과에서 출발한 새로운 미술

세잔 사과에서 출발한 새로운 미술

정은미 글 | 권은정 미술놀이

예술가들이 사는 마을 7
세잔 사과에서 출발한 새로운 미술

초판 1쇄 발행_ 2015년 12월 17일
초판 2쇄 발행_ 2018년 04월 12일

글쓴이_ 정은미
미술놀이_ 권은정
펴낸이_ 한혁수

총　괄_ 모계영
편집장_ 이은아
편　집_ 이예은, 민가진, 한지영
디자인_ 김세희
마케팅_ 구혜지, 한소정

펴낸곳_ 도서출판 다림
등　록_ 1997년 8월 1일(제1-2209호)
주　소_ 07228 서울시 영등포구 영신로 220 KnK디지털타워 1102호
전　화_ (02) 538-2913 | 팩　스_ (02) 563-7739
블로그_ blog.naver.com/darimbooks
다림 카페_ cafe.naver.com/darimbooks
전자 우편_ darimbooks@hanmail.net

ISBN 978-89-6177-117-7　73600
ISBN 978-89-6177-030-9　(세트)

© 정은미, 2015

*이 책 내용의 일부 또는 전부를 사용하려면 반드시 저작권자와 도서출판 다림의 서면 동의를 받아야 합니다.
*책값은 뒤표지에 있습니다.
*미술놀이 작품을 만드는 데 도움을 주신 해우미술센터 어린이들에게 감사드립니다.

© Georges Braque / ADAGP, Paris - SACK, Seoul, 2015
© 2015 - Succession Pablo Picasso - SACK (Korea)
이 서적 내에 사용된 일부 작품은 SACK를 통해 ADAGP, Succession Pablo Picasso와 저작권 계약을 맺은 것입니다.
저작권법에 의하여 한국 내에서 보호를 받는 저작물이므로 무단 전재 및 복제를 금합니다.

	제품명: 세잔- 사과에서 출발한 새로운 미술	제조자명: 도서출판 다림	제조국명: 대한민국	⚠ 주　의
	전화번호: 02-538-2913	주소: 서울시 영등포구 영신로 220 KnK 디지털타워 1102호		아이들이 모서리에 다치지 않게 주의하세요.
	제조년월: 2018년 04월 12일	사용연령: 10세 이상		
	※KC마크는 이 제품이 공통안전기준에 적합하였음을 의미합니다.			

차례

이런 사과는 먹고 싶지 않아   7

욕심 많은 화가   23

마음으로 느끼고 그린 산   37

카드놀이 하는 사람들   63

자연 속의 여인들   79

위대한 사과   93

부록   103

1. 세잔의 발자취
2. 고집스러운 작가, 에밀 졸라
3. 미술관에 놀러 가요

| 일러두기 |
인명과 지명은 국립국어원의 '외래어 표기법'을 따르되 이미 굳어진 인명의 경우 관례에 따라 표기했습니다.

이런 사과는 먹고 싶지 않아

■ 수록 작품
폴 세잔 〈사과가 있는 정물〉 1877~1878년, 캔버스에 유화, 27×19cm, 케임브리지 피츠윌리엄 미술관 (9쪽)
카라바조 〈과일바구니〉 1596년, 캔버스에 유화, 64×46cm, 밀라노 암브로시아나 미술관 (11쪽)
폴 세잔 〈과일과 수건과 우유통〉 1879~1882년, 캔버스에 유화, 73×60cm, 파리 오랑주리 미술관 (11쪽)
폴 세잔 〈사과와 오렌지〉 1895~1900년, 캔버스에 유화, 93×74cm, 파리 오르세 미술관 (13쪽)
후안 반 데르 아멘 〈과일과 유리잔이 있는 정물〉 1626년, 캔버스에 유화, 111×84cm, 휴스턴 미술관 (16쪽)
프리다 칼로 〈삶이여 영원하라〉 1954년, 메이소나이트*에 유화, 59.5×50.8cm, 멕시코시티 프리다 칼로 미술관 (18쪽)
클로드 모네 〈왼쪽을 바라보는 양산 쓴 여인〉 1886년, 캔버스에 유화, 88×131cm, 파리 오르세 미술관 (19쪽)
피에르 오귀스트 르누아르 〈뱃놀이 일행의 점심식사〉 1880~1881년, 캔버스에 유화, 172.5×129.5cm, 워싱턴 D.C. 필립스 컬렉션 (20쪽)
후안 산체스 코탄 〈수렵조가 있는 정물〉 1602년경, 캔버스에 유화, 88.7×67.8cm, 일리노이 주 시카고 현대미술관 (21쪽)

*메이소나이트 목재 등의 식물 섬유질로 만든 판.

세잔의 사과 "사과 같은 내 얼굴~ 예쁘기도 하지요~ 눈도 반짝 코도 반짝 입도 반짝반짝~"

왜 세잔은 사과를 이렇게 그렸을까?

이 노래를 많이 불러 봤을 거야. 사과는 생김새가 동글동글 예쁠 뿐 아니라 사과를 먹으면 예뻐진다고들 해. 실제로 사과는 새콤달콤한 맛도 좋지만 우리 몸에 이로운 성분이 가득한 그야말로 팔방미인 같은 과일이야. '하루에 사과 하나면 의사가 필요 없다'는 말이 있을 정도거든.

여기 사과를 그린 그림이 있어. 어때, 이런 사과를 먹을 수 있겠니? 사과가 아무리 몸에 좋다고 해도 이렇게 생긴 사과를 누가 주면 화가 날 것 같아. 이건 우리가 아는 '새콤달콤하고 아삭아삭 씹힐 것 같은 빨갛고 윤기 나는 사과가 아니야. 더구나 오래되어 군데군데 썩어 문드러져 보이기까지 하잖아.

이 사과 그림은 바로 19세기 프랑스 후기 인상주의 화가인 폴 세잔의 유명한 작품이야. 세잔의 사과는 예술사의 흐름을 완전히 바꿔 놓게 돼. 영국의 한 비평가는 세잔을 이렇게 평가했어. "세잔은 미술에서 형태라는 신대륙을 발견한 크리스토퍼 콜럼버스다."라고 말이야. 20세기가 낳은 천재 예술가 피카소(Pablo Picasso 1881~1973)는 세잔을 '우리 모두의 아버지'로 부르며 존경했어. 그 이유는 세잔이 현대 미술이라는 신대륙에 첫발을 디딘 선구자이기 때문이야. 그렇다면 세잔의 산타마리아호*는 무엇이었을까? 바로 이 푸석한 사과 몇 개야. 세잔은 달랑 사과 몇 개로 '현대 미술의 아버지'가 되었어.

*산타마리아호
콜럼버스가 태평양을 횡단할 때 이용한 배.

그렇다고 너무 놀라지는 마. 세잔의 사과는 당시 어느 누구에게도 인정받지 못했어. 지금 우리들과 마찬가지로 19세기 프랑스 사람들이 떠올리는 사과의 모습 역시 그림 속의 사과와는 달랐거든. 그렇다면 도대체 세잔은 무슨 생각으로 이런 사과를 그린 걸까? 세잔은 비록 시간이 지나 사과의 모양이 일그러지고 변형되더라도 영원히 변치 않는 사과의 본질을 그리려고 했어. 세잔의 사과가 별로 먹고 싶지 않은 까닭은 바로 이 때문이야.

16세기 바로크* 화가 카라바조(Michelangelo Merisi da Caravaggio 1573~1610)가 그린 사과와 세잔이 그린 사과를 비교해 볼까? 한입 베어 물면 아삭한 소리를 내며 과즙이 입안을 가득 채울 것 같은 카라바조의 사과는 이렇듯 생생한데, 세잔의 사과는 얼마나 어색한지 몰라. 과일칼

*바로크
르네상스 이후에 나타난 화려하고 장식적이며 역동적인 예술 양식.

10

카라바조가 그린 사과

세잔이 그린 사과

위쪽에 있는 사과들은 테이블에서 굴러떨어질 듯이 어정쩡하게 놓여 있잖아. 그러니 당시에 '더덕더덕 칠해진 형편없는 것'이라고 조롱받았다는 사실이 이해되지. 그럼 여기서 재미있는 사실을 하나 알려 줄게.

두 그림을 조금 멀리 떨어져서 봐. 이제 놀라운 걸 발견하게 될 거야. 그림에서 멀어질수록 카라바조의 사과는 더 알아보기 힘들어지지 않니? 반면 뭉개져 보이던 세잔의 사과는 멀리서 볼수록 묘하게도 더 선명해지고 사과의 형태가 점점 분명해지지. 이런 결과는 카라바조의 그림이 카메라의 렌즈를 통해 본 모습이라면, 세잔의 사과는 인간의 눈으로 보는 모습이기 때문이야. 쉽게 사진을 생각하면 돼. 사진은 한 개의 렌즈로 본 한순간의 고정된 시각이야. 하지만 인간의 두 눈은 어떤 한 시점에 고정될 수가 없어. 이해되지 않는다면 벽면에 점을 하나 찍고 똑바로 서서 쳐다봐. 그러면 인간의 눈을 한 시점에 고정하기가 불가능하다는 것을 금방 알게 될 거야. 두 개의 눈을 가진 인간은 눈동자를 움직이거나 고개를 돌려 가며 사물을 보기 마련이거든. 그래서 대상을 여러 시점에서 보고 종합적으로 인식하게 돼.

오른쪽 그림에서 탁자의 각도는 심하게 뒤틀려 있어. 게다가 각각 다른 각도로 기울어진 접시들을 보면 그 안에 담긴 사과들이 앞으로 쏟아져 나올 것처럼 보이지 않니? 이렇게 뒤죽박죽 이상한 상태로 그려진 이유는 화가가 여러 각도에서 본 정물의 모습을 하나의 화면 안에 종합해서 그렸기 때문이야. 그런데 조금 전에 설명했듯이, 이런 시각이 오히려 사람의 눈으로 사물을 보는 방식에 가까워. 세잔은 자신이 원하는 것을 그리기 위해 기존의 화가들과 다르게 시점을 다양하게 그렸어. 그래서 세잔의 그림은 마치 여러 사람이 각기 다른 방향에서 둘러앉아 그린 것 같아. 여기서 놀라운 점은 언뜻 보아서는 사과나 접시 등이 산만하게 흩어져 있는 것 같지만 멀리 떨어져서 보면, 전체적으로는 완벽한 형태를 이룬다는 점이야.

세잔은 시점을 달리하면서 그림을 그렸어.

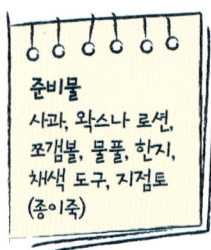

준비물
사과, 왁스나 로션,
쪼갬볼, 물풀, 한지,
채색 도구, 지점토
(종이죽)

세잔은 사과를 반복해서 그리면서 자신만의 방법을 찾으려고 했어. 흔히 먹는 과일이 화가에게는 영감을 주는 소재가 된 거야.

우리도 사과를 나만의 방법으로 나타내 보면 어떨까? 둥근 형태를 살려 표현해 보는 거야.

먼저 작업을 시작하기 전에 사과 표면에 왁스나 로션을 발라 둬야 해. 그래야 한지가 마른 뒤에 사과에서 잘 떨어지거든. 준비한 사과를 반으로 가른다고 생각하고 중심을 향해 쪼갬볼을 꽂아. 쪼갬볼은 하드보드지나 얇은 플라스틱판을 잘라서 사용하면 돼. 그리고 사과 표면에 물풀을 바르고 한지를 열 겹 이상 덧바르는 거야. 시간이 지나 한지가 마르면 이때 쪼갬볼을 기준으로 한지를 반반씩 사과에서 떼어 내. 떼어 낸 두 조각을 맞붙이고 그 위에 한지를 다시 한두 겹 붙이면 사과의 형태를 그대로 본 뜬 입체 사과가 완성돼.

사과의 형태를 꼭 닮았지.

반입체로도 사과를 표현해 봤어. 평평한 판에 지점토나 종이죽을 이용해 사과 형태를 만들고 물감으로 칠하는 거야. 물감 위에 색모래를 뿌려서 독특한 질감을 만들 수도 있어. 이렇게 만든 사과는 그늘에서 건조시킨 뒤에 바니시(니스)를 바르면 오래 보관할 수 있지.

원하는 색의 모래를 골라 사용하면 돼.

  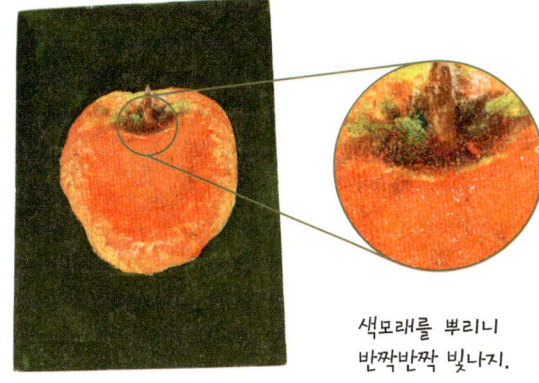

파란색 사과를 본 적 있니?

색모래를 뿌리니 반짝반짝 빛나지.

무엇인가 표현하고 싶을 때는 주저하지 말고 여러 가지 재료와 방법을 이용해 봐. 그 과정에서 자신의 마음에 드는 방법을 찾을 수 있을 거야. 세잔의 사과처럼 말이야!

사과 형태를 따라 모자이크 타일을 붙였어.

바니타스 정물화 서양에서 정물화가 크게 유행한 것은 16~17세기부터니, 인물화나 역사화에 비해 역사가 그리 오래되지는 않았어. 17세기 정물화가들은 식탁 위의 먹음직스러운 과일과 꽃, 바구니, 유리잔과 접시 등을 눈에 보이는 그대로 매우 사실적으로 그렸어. 스페인 화가 후안 반 데르 아멘(Juan van der Hamen 1596~1631)이 그린 과일을 보고 있으면 맛이 느껴지는 것 같지 않니? 잘 익어 탱글탱글한 포도송이를 봐. 겉껍질이 터지며 붉은 속살을 드러낸 석류는 또 어떻고. 붉은 구슬 같은 석류 알이 톡톡 터지며 씹히는 새콤달콤한 맛! 생각만 해도 입안에 침이 고이는 것 같아.

과거의 정물화는 대부분 바니타스의 의미를 담고 있어.

17세기에 많이 그려졌던 이런 정물화를 특별히 바니타스(Vanitas) 정물화라고 해. 바니타스는 라틴 어로 '죽음, 허무, 덧없음'을 뜻해. '인간의 삶은 죽음을 피할 수 없으니 현재를 헛되이 보내지 말자'라는 교훈을 담고 있지. 그림 속에는 죽음을 상징하는 해골, 지식의 쓸모없음을 의미하는 책 외에 악기, 꽃, 과일, 유리잔이나 값비싼 금·은 식기류 같은 정물들이 등장해. 이런 바니타스 정물화는 사물을 극도로 사실적이고 세밀하게 그렸기 때문에 당시 화가들은 자신의 뛰어난 그림 솜씨를 과시할 수 있는 기회로 삼기도 했어.

그림을 자세히 보면, 너무 잘 익다 못해 농익어 껍질이 터지고 잎이 시들기 시작한 과일들이 잔뜩 들어 있어. 이 시기에 그려진 과일 중 꽃과 씨, 과육 모두 붉은색인 석류는 예수 그리스도의 피와 수난을 주로 상징했어. 포도는 예수를 의미하는 동시에 동글동글한 포도 알의 모양은 풍요로움을 뜻하곤 하지. 섬세하게 세공된 베네치아산 유리잔은 화려한 생활을 상징해.

현대 작가 중에서도 정물화에 상징을 담아 그린 화가가 있어. 20세기 멕시코를 대표하는 여성 화가 프리다 칼로(Frida Kahlo 1907~1954)는 주로 강렬한 자화상을 그렸어. 여섯 살에 앓은 소아마비와 열여덟 살에 겪은 교통사고로 평생 육체적·정신적 고통에 시달렸지만 좌절하지 않고 오히려 자신의 불행을 예술로 승화시킨 화가로 유명해. 그런데 프리다는 죽기 얼마 전에 수박 정물화를 그렸어. 자신의 생명이 얼마 남지 않았다는 걸 알고는 신선한 과즙이 풍부하고 씨가 많은 과일을 그리면서 영원한 생명력에 대한 소망을 표현한 거야. 이것은 화가의 마지막 그림인데, 수박

프리다 역시
강한 생명력을 상징하는
정물화를 그렸어.

위에 'VIVA LA VIDA(비바 라 비다, 삶은 영원하다는 뜻)'라고 적어 넣은 걸 보면, 삶에 대한 애착과 살고자 하는 의지가 얼마나 강했는지 알 수 있지.

후안 반 데르 아멘과 프리다 칼로, 두 화가의 작품 모두 이른바 '메멘토 모리(Memento mori)'와 관계가 있어. 라틴 어로 '죽음을 기억하라'는 뜻인데, 인간을 죽음의 공포로 내몰기 위한 말이 아니라 짧기에 더욱 소중한 인생을 충실히 보내라고 가르치는 잠언*이야.

반면 19세기에 그려진 세잔의 정물화는 어떤 상징도 없고, 사실적으로 보이지도 않아. 세잔은 전통적인 그림 방식을 거부하고, 화가 마음속의 느낌에 따라 사물을 표현하고자 한 인상파*를 지지했지만 한편으로 인상파를 비판하기도 했어. 그러나 세잔이 인상파를 바라보는 관점은 당시

*잠언
가르쳐서 훈계하는 말.

*인상파
19세기 후반 프랑스를 중심으로 일어난 회화 운동으로 빛에 의해 시시각각 변화하는 사물의 인상을 그림으로 표현하는 경향.

사람들의 시선과는 근본적으로 달랐어. 사람들은 인상파 화가들이 그린 그림의 주제가 너무 가볍다고 비난했지만 세잔은 인상파 화가들의 그리는 '방식'에 불만이 있었거든. 세잔은 인상파 화가들이 찾아낸 빛의 밝은 색채가 뛰어나다는 점은 인정했어. 하지만 사물의 윤곽이 없어져 평면적으로 보이고 화면에 깊이감이 없다는 점이 불만스러웠던 거야.

모네(Claude Monet 1840~1926)의 그림을 볼까? 등 뒤로 햇빛이 비치고 잔잔한 바람을 맞으며 한 여인이 언덕 위에서 초록색 양산을 들고 서 있지. 화가는 빛과 그림자의 대비를 적절히 묘사하면서 원색을 조화롭게 사용해 밝고 경쾌한 화면을 만들어 냈어. 하지만 바람에 날리는 베일에 가려져 여인의 이목구비는 거의 알아볼 수가 없고, 하늘과 구름 그리고 풀잎들은 여러 방향으로 거칠게 칠해져서 거의 뭉개져 보여. 빛의 인상에 눌려 확실한 윤곽이 없어지고 만 거야. 세잔은 이렇게 시시각각 변하는 순간적인 인상보다는 영원히 변하지 않는 사물 본래의 구조에 주목했어.

모네는 인물을 둘러싼 빛의 변화를 그리고자 했어.

르누아르는 밝고 따뜻한 색으로 빛의 효과를 그려 냈어.

르누아르(Pierre-Auguste Renoir 1841~1919)는 화창한 오후의 햇살 속에서 파티를 즐기는 사람들의 모습을 밝고 따뜻한 색으로 담아냈어. 그런데 빛은 언제 어느 순간 변할지 모르니 인상파 화가들은 빠른 속도로 작품을 완성해야 했고, 밝게 빛나는 색을 주로 사용해 어쩔 수 없이 사물의 입체감은 포기할 수밖에 없었어. 인상파 그림이 얼마나 평면적인지는 17세기 스페인의 걸출한 정물화가인 후안 산체스 코탄(Juan Sánchez

Cotán 1560~1627)이 그린 〈수렵조가 있는 정물〉과 비교해 보면 확실히 느낄 수 있어. 검은 배경에 과일과 채소, 사냥감을 아주 정갈하게 그려 놓아 마치 실제 사물을 보는 것 같지. 코탄은 실감 나는 입체감을 표현하기 위해 밝은 색채를 버린 거야.

코탄은 어두운 색의 그림자로 사물의 입체감을 강조했어.

욕심 많은 화가

폴 세잔 〈부엌의 테이블〉 1888~1890년, 캔버스에 유화, 81.5×65cm, 파리 오르세 미술관 (25쪽)
폴 세잔 〈과일 접시가 있는 정물〉 1879~1880년경, 캔버스에 유화, 55×46cm, 개인 소장 (27쪽)
엑상프로방스 로브에 있는 폴 세잔의 화실 (30, 32쪽)
폴 세잔 〈큐피드 석고상이 있는 정물〉 1895년, 캔버스에 유화, 57×71cm, 런던 코톨드 미술관 (33쪽)
폴 세잔 〈체리와 복숭아가 있는 정물〉 1885~1887년, 캔버스에 유화, 61×50cm, 로스앤젤레스 카운티 미술관 (34쪽)

색채와 형태 세잔은 아주 욕심이 많은 화가였어. 그래서 인상파 그림처럼 밝고 선명한 색을 유지하면서도 화면의 밀도와 깊이감을 살리기 위해 평생을 고집스럽게 노력했지.

　같은 사과라고 해도 아침의 빛, 점심 때의 빛 그리고 저녁 빛에 따라 색깔은 조금씩 다르게 보여. 하지만 사과의 형태는 변하지 않지. 세잔은

세잔은 그림이 균형 잡히도록 정물을 배치했어.

이처럼 어느 때이던 달라지지 않는 형태가 사과의 본질이라고 굳게 믿고 작업을 했어.

세잔의 정물은 얼마나 거칠어 보이는지 마치 플라스틱으로 만든 과일 모형 같아. 언뜻 보아서는 사물이 산만하게 흩어져 있는 것 같은데, 멀리 떨어져 보면 사물 하나하나의 형태가 또렷하게 보여. 자세히 살펴보면 그림 속의 정물들이 모두 똑같은 눈높이로 그려지지 않았다는 것을 알 수 있지. 예를 들어 손잡이가 달린 어두운 색의 생강 단지 입구는 위에서 내려다본 형태인데, 단지의 옆은 정면에서 본 모습으로 그렸어. 과일 바구니 역시 윗부분은 위에서, 측면은 정면 높이의 시선에서 그려졌어. 세잔의 정물은 사물을 여러 방향에서 관찰하고 하나의 화폭에 담아 그린 '다시점의 투시도'에 해당해.

사물의 크기 역시 전체의 구성에 따라 다르게 그렸어. 테이블 오른쪽에 놓인 초록빛의 배가 지나치게 크게 그려졌는데, 이것은 그림의 균형을 맞추기 위해 선택한 거야. 큰 배가 왼쪽 구석의 여러 자잘한 형태와 대조되면서 조화를 이루게 되거든. 그와 동시에 왼쪽 식탁보의 주름 부분에 놓인 붉은 배는 과일 바구니 안에 놓인 붉은 배와 조화를 이루고 있지. 이렇게 세잔의 그림 속 사물은 신중한 계산 속에서 구성되었기에 화면 안에 팽팽한 긴장감을 주고 있어. 이것이 바로 세잔이 원했던 '색채와 형태'의 조화야! 세잔은 새로운 공간 개념(다시점 구도)으로 평면으로 된 화면에 깊이감을 표현하고 있어.

세잔의 작품을 하나 더 볼까? 이 그림에서도 과일이 담긴 그릇의 받침이 중심에서 빗겨 나 있어. 테이블은 앞쪽으로 기울어져 그 위에 어정쩡

세잔에게 사과는 늘 새로운 연구의 대상이었어.

하게 놓여 있는 사과며 칼이 아래로 쏟아질 듯 아슬아슬하게 보이지. 테이블 천은 얼마나 서툴게 그려졌는지 몰라. 대충 슬쩍슬쩍 붓질만 했는지 천이 아니라 뻣뻣한 종이를 구겨 놓은 것처럼 보이네. 세잔은 17세기 정물화가들처럼 실력을 과시하기 위해 그림을 그리지 않았어. 그렇다고 인상파 화가들처럼 빛에 따라 변하는 사과의 녹색, 노란색, 붉은색, 흰색 등을 표현한 것도 아니야. 세잔은 자신이 해결하려 했던 문제들을 연구하고자 정물을 그렸어.

세잔 이전의 그림에서는, 색이란 형태를 묘사하기 위한 보조 수단에 불과했어. 또한 사과란 맛있는 과일이라는 것, 병이란 물을 담는 것, 천이란 부드러운 것 등 각각의 개념이 있었지. 하지만 세잔의 그림에서는 색채와 형태가 동등한 관계에 놓여 있어. 병이나 사과, 천, 접시 등이 갖고 있는 기존의 개념은 세잔에게 중요하지 않았어. 미술이 눈에 보이는 그대로를 전달하려는 것이라는 낡은 생각들은 모두 무시하고, 화면 안에서 형태를 만들어 공간을 질서 있게 구성하는 것을 목표로 삼았어. 세잔에게 미술이란 색채와 형태 외에 더 이상의 의미는 없었어.

세잔은 붉은색, 노란색, 흰색, 녹색 등의 색채를 대비시켜 사물의 형태를 더욱 분명하게 보이도록 했어. 사과는 구 모양으로 단순하게 만들고, 구성도 인위적으로 배치하여 사물이 제각각의 형태를 온전히 드러내게 하고 있지. 붉은색과 노란색, 녹색 등으로 칠해진 사과는 그와 대비되는 과일 접시의 형태와 색을 더욱 선명하게 만드는 역할을 하고 있어. 이것이 '입체감'과 '색채'의 관계야. 색이 선명하고 밝으면서 구에 가까운 형태의 사과는 화가에게 아주 이상적인 소재였지. 한편으로는 '인공적인' 접시와 '자연적인' 사과도 대비를 이루고 있어. 얼핏 보면 세잔이 사물을 대충 테이블에 늘어놓고 그린 것 같지만, 실은 사물들 간의 균형을 맞추기 위해 오랜 시간 마음에 들 때까지 수없이 배치를 바꾸면서 신중하게 선택한 구성이야.

보통 정물화를 그리다 보면, 주제가 되는 사물을 위해 나머지는 부분적으로 잘리거나 생략되기도 해. 하지만 세잔은 모든 사물의 형태를 살리면서도 전체적으로 조화를 이루려고 했어. 또한 인상파의 밝은 색채를 유지하면서도 깊이감을 살리고, 깊이감을 살리면서도 조화로운 화면 구성과 형태감을 만들어 내려는 노력을 평생 동안 고집스럽게 밀고 나갔어. 세잔은 그동안 당연하게 여겨지던 회화의 전통적인 표현법 중 어느 것도 당연한 것으로 받아들이지 않았어. 형태를 왜곡하기도 하고, 시점도 달리하며, 전통적인 정확성은 과감히 희생시켰지. 세잔은 그림이란 원래 평면적이라는 사실을 보여 주면서 그 위에 사물의 실재감*을 드러내고 싶어 했어. 그의 그림을 보면 평면적이면서도 입체적으로 보이는 이유가 바로 여기에 있어. '정확한 묘사'를 버림으로써 세잔의 그림은 현대 미술의 출발을 알리는 신호탄이 됐어.

*실재감
그려진 물건이 실물인 듯한 느낌.

사과 하나로 파리를 놀라게 하겠다던 젊은 무명의 화가를 당시에는 아무도 거들떠보지 않았어. 하지만 도전 정신과 고집으로 끈질기게 자신의 생각을 묵묵히 밀고 나간 세잔은 자신이 말했던 대로 사과 몇 개를 그린 그림으로 현대 미술이라는 새로운 시대의 문을 활짝 열게 돼.

구도 세잔은 구도를 연구하기 위해 정물을 그렸어. 풍경은 그날그날 날씨에 따라 변화무쌍하고, 사람은 그림을 완성할 때까지 오랫동안 가만히 있기가 힘드니 정물이 가장 적당한 소재였던 거지. 엑상프로방스(Aix-en-Provence)* 로브 언덕에 있는 화실의 분위기를 보면 그의 작업 태도가 그대로 묻어나. 세잔은 이곳에서 테이블에 과일을 놓고 정물화를 그렸어. 그의 정물화는 배나 사과 혹은 생강 단지 등이 어디에 놓여야만 가장 돋보이는지를 발견하는 과정에서 탄생되었어. 테이블 위에 천을 씌우고 그 위에 사과들을 놓아 구성을 했는데 사과를 계속 옮기면서 완벽한 구

*엑상프로방스
프랑스 남부에 위치한 도시. '프로방스 지방의 엑스'라는 뜻으로 줄여서 '엑스'라고 부른다.

세잔이 이용하던
정물화의 소재들

도를 만들었어. 그에게 정물은 배경을 채우기 위한 장식이나 상징물이 아니었어. 그는 그림을 그리는 도중에 과일이 썩어도 바꾸지 않았다고 해. 사물이 보이는 그대로를 그리지 않고, 썩은 과일일지라도 변하지 않는 본질을 찾아내 그리려고 했으니까 상관없었지.

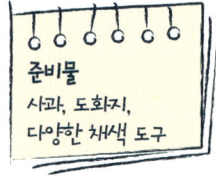

준비물
사과, 도화지,
다양한 채색 도구

사과는 형태가 둥글고 다양한 색깔을 가지고 있어 정물화의 소재로 자주 쓰여. 세잔의 그림 속 사과들은 한 방향에서 본 모습이 아니라 위에서 내려다보고 그린 형태와, 정면, 측면에서 본 모습이 섞여 있어. 세잔의 정물화가 입체감을 갖는 이유는 바로 이렇게 다양한 방향감이 한 화면에 들어 있기 때문이야.

사과를 주제로 정물화를 그려 보자. 비슷하게 생긴 형태들로만 화면을 채워야

목탄으로 그린 그림은 부드러운 느낌이 들어.

색연필과 파스텔로 그렸어.

수채화 물감으로 칠한 사과

하기 때문에 배치를 잘하는 것이 중요해. 구도에는 3요소가 있는데 변화·통일·균형이야. 단조롭지 않게 변화를 주면서, 산만하지 않게 통일감을 유지하고, 어느 한쪽으로 치우치지 않도록 화면 전체가 균형 잡혀야 해.

    구도의 3요소를 떠올리며 사과를 이리저리 옮겨 봐. 구도를 정한 뒤에도 다양한 방향에서 바라본 모습을 그릴 수도 있고, 수채화 물감, 색연필, 파스텔, 목탄, 연필 등 다양한 재료로 채색할 수도 있어.

    마음에 들 때까지 꾸준히 시도하는 게 원하는 그림을 얻기 위한 가장 좋은 방법이야!

세잔은 고향 엑상프로방스의 화실에 틀어박혀 그림만 그렸어.

외로운 화가 로브라는 낮은 언덕에 자리 잡은 세잔의 화실은 정원이 딸린 자그마한 이층집이야. 그가 말년에 고립된 채 홀로 지냈던 아주 비밀스러운 장소지. 내부에는 마치 얼마 전까지 세잔이 그림을 그렸던 것처럼 그의 정물화 속에 등장하는 탁자, 의자, 생강 단지, 물병, 석고상, 해골 등이 지금도 그대로 놓여 있어서 외골수 화가의 고독한 삶의 체취가 그대로 느껴지는 것 같아.

고전 미술과 현대 미술이 만나는 교차로에 서 있던 폴 세잔. 그의 사과는 서양 미술의 흐름이 사실적인 화풍에서 벗어나 '추상화'라는 새로운 길로 들어섰음을 의미해. 이것은 서양 미술의 혁명이라고 할 수 있어. 그런 위대한 일을 세잔이 이뤄 낸 거야. 하지만 늘 그렇듯 선구자는 외롭기 마련이지.

오른쪽 그림은 로브 화실에 아직도 남아 있는 큐피드 석고상을 그린

세잔은 이 작업에만 3년 넘게 매달렸어.

세잔이 그린 체리와 복숭아

작품이야. 굉장히 복잡한 구도로 구성되어 있어. 둥근 형태인 '사과, 양파, 석고상' 그리고 직선의 형태인 '테이블 모서리, 배경의 캔버스' 등이 대조되면서 팽팽한 긴장감을 주고 있어. 세잔은 이렇게 화면의 구성을 맞추기 위해, 마음에 들 때까지 수없이 정물의 위치를 바꿨을 거야.

왼쪽 그림에서 체리가 담긴 접시는 마치 서서 위에서 내려다보며 그린 것 같지. 그에 비해 복숭아 접시와 항아리는 앉아서 그린 것 같아. 한편 테이블 뒤쪽은 위에서 보는 시점으로 그린 반면, 앞쪽의 정면은 또 앉은 눈높이에서 그려 놓았어.

프랑스의 화가이자 평론가인 모리스 드니는 세잔이 그린 사과에 대해 다음과 같이 말했어. "평범한 화가의 사과는 먹고 싶지만 세잔의 사과는 껍질을 벗기고 싶지 않다. 잘 그리기만 한 사과는 군침을 돌게 하지만 세잔의 사과는 마음에 말을 건네고 있다." 어때 정말 그렇지 않니?

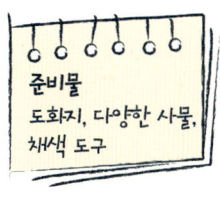

친구들과 함께 정물화를 그려 보자. 이번에는 여러 가지 물건을 그려 볼 거야. 그리고 실제로 사과의 위치를 옮겨 가며 구도를 잡았을 때와는 달리 사물은 그대로 두고 머릿속으로 사물의 위치를 옮겨 구도를 생각해 보자. 눈앞에 보이는 사물의 배치를 달리해서 도화지에 그리는 거야.

스케치를 할 때는 처음부터 선을 진하게 그리지 말고 큰 것에서 작은 것 순으로 간략하게 그린 뒤, 세부적인 부분을 그려 나가는 것이 좋아. 채색을 할 때도 세잔의 그림을 떠올려 봐. 세잔은 특히 빨강, 노랑, 녹색 등 강렬한 원색을 즐겨 사용했

같은 사물을 그렸지만 느낌은 다르지.

는데 이런 색들은 사물이 가진 형태를 부각시키는 역할을 했어. 너희도 강조하고자 하는 사물이 눈에 띄도록 대비되는 색을 사용해 칠해 봐.

　작업을 마치고 친구들과 함께 서로의 그림을 보면서 그림의 주제가 무엇인지, 채색이나 구도 등이 어떻게 다른지 이야기를 나누는 시간도 가져 보자.

3

마음으로 느끼고 그린 산

정선 〈인왕제색도〉 1751년, 종이에 수묵담채*, 138.2×79.2cm, 서울 리움 미술관 (39쪽)
폴 세잔 〈생트 빅투아르 산〉 1898~1900년, 캔버스에 유화, 99×78cm, 상트페테르부르크 에르미타주 박물관 (40쪽)
폴 세잔 〈화가 어머니의 초상〉 1866~1867년, 캔버스에 유화, 39.4×55.9cm, 세인트루이스 미술관 (41쪽)
폴 세잔 〈화가의 아버지〉 1866년, 캔버스에 유화, 119.3×198.5cm, 워싱턴 D.C. 국립미술관 (42쪽)
법학 책에 펜으로 그린 세잔의 다양한 드로잉들, 1859년경, 펜과 잉크 드로잉 (43쪽)
폴 세잔 〈사계-봄, 여름, 겨울, 가을〉 1859~1860년, 캔버스에 유화, 각각 98×315cm, 109.5×314cm, 104×314cm, 105×314cm, 파리 프티 팔레 미술관 (44쪽)
세잔이 벽화를 그린 자 드 부팡, 1900년경 촬영, 파리 프랑스 국립도서관 (44쪽)
로브에서 바라본 생트 빅투아르 산 (45쪽)
마인데르트 호베마 〈미델하르니스의 가로수길〉 1689년, 캔버스에 유화, 141×103.5cm, 런던 국립미술관 (46쪽)
고극공으로 추정 〈우산도〉 1300년경, 족자, 종이에 수묵화, 81.1×122.1cm, 타이베이 국립고궁박물관 (47쪽)
안견 〈몽유도원도〉 1447년(세종 29), 두루마리, 비단에 수묵담채, 106.5×38.7cm, 덴리 대학 중앙도서관 (48쪽)
레 로브 언덕에서 작업하고 있는 세잔 (49쪽)
클로드 모네 〈루앙 대성당〉 연작 (왼쪽 위에서 시계 방향으로)
- 〈루앙 대성당, 서쪽 파사드, 햇빛〉 1894년, 캔버스에 유화, 65.8×100cm, 워싱턴 D.C. 국립미술관 (51쪽)
- 〈루앙 대성당, 정면에서 본 정문〉 1892년, 캔버스에 유화, 74×107cm, 파리 오르세 미술관 (51쪽)
- 〈루앙 대성당, 성당의 정문과 생 로맹 탑, 아침, 흰색 조화〉 1893년, 캔버스에 유화, 74×107cm, 파리 오르세 미술관 (51쪽)
- 〈루앙 대성당, 햇빛에 비친 파사드〉 1892~1894년, 캔버스에 유화, 73.7×106.7cm, 매사추세츠 더 클라크 미술관 (51쪽)
가츠시카 호쿠사이 〈부악 36경〉 중에서 '카이 지방의 미시마 고개', 1823~1829년경, 채색 목판화, 38.1×26cm, 런던 영국박물관 (52쪽)
가츠시카 호쿠사이 〈부악 36경〉 중에서 '붉은 후지산', 1830~1832년경, 채색 목판화, 37.9×25.5cm, 파리 기메 국립 아시아 미술관 (52쪽)
폴 세잔 〈생트 빅투아르 산〉 1902~1906년, 캔버스에 유화, 81.6×63.8cm, 캔자스시티 넬슨-앳킨스 미술관 (53쪽)
폴 세잔 〈로브에서 바라본 생트 빅투아르 산〉 1904~1906년, 캔버스에 유화, 72×60cm, 바젤 미술관 (54쪽)
폴 세잔 〈생트 빅투아르 산〉 1890~1894년, 캔버스에 유화, 65×55cm, 에든버러 스코틀랜드 국립미술관 (55쪽)
폴 세잔 〈레스타크의 바다〉 1878~1879년, 캔버스에 유화, 92×73cm, 파리 피카소 미술관 (58쪽)
조르주 브라크 〈레스타크의 집들〉 1908년, 캔버스에 유화, 58×72cm, 베른 미술관 (59쪽)
피에트 몬드리안 〈붉은 나무〉 1908~1910년, 캔버스에 유화, 99×70cm, 헤이그 시립미술관 (60쪽)
피에트 몬드리안 〈회색 나무〉 1912년, 캔버스에 유화, 107×78cm, 헤이그 시립미술관 (60쪽)
피에트 몬드리안 〈꽃 핀 사과나무〉 1912년, 캔버스에 유화, 107.5×78.5cm, 헤이그 시립미술관 (60쪽)

*수묵담채 동양화에서 먹색을 위주로 그리고 엷게 채색을 한 그림.

자연을 그리다 '지혜로운 사람은 물을 좋아하고 어진 사람은 산을 좋아한다'는 말이 있어. 유교 사상을 담은 『논어』라는 책에 나오는 구절이야. 지혜로운 사람은 흐르는 강물처럼 생각의 흐름에 막힘이 없고 끊임없이 변화를 추구하는 삶을 살기 때문에 강한 힘이 넘친다고 해. 반면 어진 사람은 큰 산이 버티고 서 있듯이 소소한 것에 흔들리지 않고 자신만의 굳건한 철학을 가지고 살아간다는 말이야. 너희들은 어느 쪽에 가까운 것 같니? 물론 아직 어리니까 당장 섣불리 판단할 필요는 없어. 그보다는 지혜로움과 어짊이 조화를 이룬 삶을 살라고 얘기해 주고 싶어.

조선 후기에 활동한 화가, 겸재 정선(1676~1759)이 그린 〈인왕제색도〉를 보자. 당시에 많은 사람들이 중국의 영향을 받아 중국 화풍을 따라서 풍경을 상상해서 그렸지만 정선은 우리 산천을 직접 보면서 독자적인 화풍으로 화폭에 담았어. 이 작품은 여름 소나기가 지나간 뒤에 인왕산의 경

비 갠 인왕산을 그린 산수화야.

'세잔의 산'인
생트 빅투아르 산이야.

치와 안개가 피어오르는 인상적인 순간을 지금의 효자동 방면에서 보고 그렸어.

우리나라를 비롯한 동양의 화가들은 예부터 유독 산수화를 즐겨 그렸어. 산을 좋아하고 물을 좋아하는, 즉 자연을 사랑하는 마음이 산수화에 예술적으로 표현된 거야.

동양화가들에 비해서 늦은 감은 있지만, 서양의 미술가들도 산을 많이 그렸어. 그중 어떤 산은 미술의 역사를 바꾸기도 했단다. 그 산이 바로 세잔이 그린 생트 빅투아르 산이야. 이곳은 세잔이 태어난 엑상프로방스의 상징이자 '세잔의 산'이기도 해.

폴 세잔

"아들아, 장래를 생각하거라. 재능만 가지고는 굶어 죽지만, 돈이 있으면 먹고산단다." 세잔의 아버지가 한 말이야.

세잔에게 생트 빅투아르 산은 아주 특별한 의미를 갖고 있어. 세잔(Paul Cézanne)은 1839년 프랑스의 엑상프로방스에서 삼 남매 중 장남으로 태어났어. 아래로는 마리와 로즈라는 두 누이가 있었어. 아버지 루이 오귀스트 세잔은 이탈리아 이민자의 아들이었는데, 뛰어난 수완을 발휘해 모자 제조업으로 큰돈을 벌었어. 이뿐만 아니라 1848년에는 엑상프로방스에 처음으로 은행을 설립하기도 했어. 어렵게 자수성가한 사업가들이 대부분 그렇듯, 세잔의 아버지도 아들에 대한 기대가 컸어. 왜냐하면 세잔의 집안은 돈만 있었을 뿐 그리 내세울 만한 가문이 아니었거든. 벼락부자라는 이유로, 결혼도 하기 전에 두 아이를 낳은 근본 없는 집안이라는 이유로, 거칠고 교양이 없다는 이유로 콧대 높은 귀족 사회에서 멸시를 당했어. 야망이 남달랐던 세잔의 아버지는 자신의 아들을 가문을 빛낼 판사나 변호사로 만들겠다고 결심하지. 19세기에는 그것이 가장 빠른 신분 상승의 길이었거든.

아버지와 세잔이 충돌할 때 세잔의 어머니는 항상 세잔 편이었어. 어머니는 세잔을 감싸며 남편에게 이렇게 말했어. "그 아이는 루벤스나 베로네제처럼 이름이 폴이에요. 아마 그림은 그 아이의 숙명인가 봐요."

세잔은 권위적이며 위엄 있는 모습으로 아버지를 묘사했어.

*코넷
트럼펫과 비슷하게 생긴 금관 악기.

　　세잔이 스무 살이 되던 해인 1859년, 세잔의 아버지는 엑상프로방스 지방 교외에 '자 드 부팡'이라 부르던 중세 영주의 집을 구입해서 별장으로 사용했어. 이 역시 상류 사회에 들어가고 싶은 의도였지. 그리고 조용하고 순종적인 세잔은 같은 해 아버지의 '가문의 영광' 계획대로 엑스 대학의 법학 과정에 마지못해 입학했어. 아버지의 기대는 그렇게 허황된 것만은 아니었어. 세잔은 콜레주 부르봉(프랑스 중등 과정)을 졸업할 때 우수한 성적으로 대학 입학 자격을 따냈거든. 그리고 이미 라틴 어, 그리스 어, 고대 문학 및 프랑스 문학에 대해 폭넓은 지식을 갖추고 있었어.

　　문학이라는 공통의 관심사를 가진 세잔과 에밀 졸라(Émile François Zola 1840~1902)는 어린 시절부터 우정을 쌓게 돼. 콜레주 부르봉에는 나중에 엔지니어가 된 장-밥티스탱 바이유(Jean-Baptistin Baille 1841~1918)도 있었는데, 이들은 삼총사가 되어 시골 들판 여기저기로 몰려다니며 그림을 그리고 시를 쓰며 놀았고, 재미 삼아 음악도 연주했어. 졸라를 리더로 한 밴드 '즐거운 친구들'에서 세잔은 코넷*을, 졸라는 클라리넷을 불었어. 성인이 되어서도 세잔은 인상파 화가들과는 달리 혼잡한 도시보다는 근교의 외지고 한적한 자연을 더 좋아했어. 자신이 가장 좋아하는 냄새는 '들판의 냄새'고, 가장 좋아하는 여가 활동은 '수영'이라 말했다고 해. 이후에 '생트 빅투아르 산' 그리고 '목욕하는 사람들' 등의 주제에 전념하게 된 것은 아주 자연스러운 일이지.

    세잔은 아버지가 무서워 법학 공부를 시작했지만, 공부는 뒷전이었고 교재 위에 그림을 그리면서 시간을 보냈어. 마음이 딴 데 가 있으니 결과야 뻔하지. 결국 세잔은 앞날이 보장된 법률 공부를 중단하고 당시 상류층 사회에서 천대받던 직업인 예술가의 길로 들어서게 돼. 먼저 파리에 가 있던 친구 졸라의 적극적인 권유로 파리행을 결심한 세잔은 1861년, 그토록 동경하던 파리에서의 유학을 시작했어. 하지만 아버지가 매달 부쳐 주는 돈으로 근근이 살아가던 세잔의 파리 생활은 실패의 연속이었어. 프랑스에서 영향력 있는 미술 대학인 에콜 데 보자르에 낙방하고, 해마다 살롱전에 출품했지만 번번이 낙선했어. 당시에는 에콜 데 보자르에서 공부하지 않거나 살롱전에서 입상하지 않고는 화가로 성공할 수 없는 분위기였어. 게다가 세잔은 아버지 몰래 열아홉 살의 모델 오르탕스 피케와 동거를 하며 아들 폴을 낳은 상태였지. 후에 이 사실을 알게 된 아버지는 불같이 화를 내며 생활비를 끊어 버려. 이렇게 세잔은 하는 일마다 아버지를 실망시켰어.

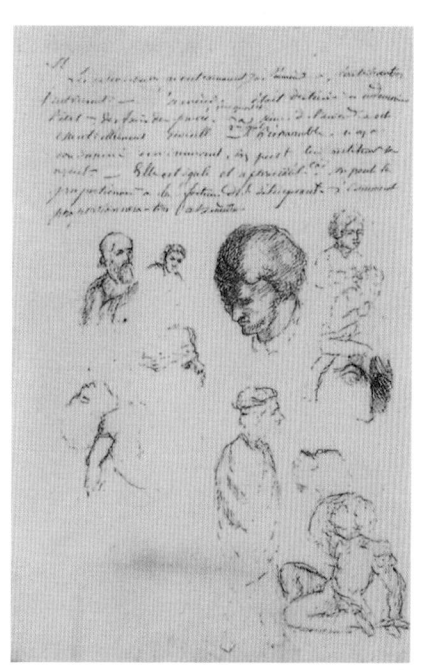

법학 공부에 도통 흥미가 없었던 세잔은 교재 위에 드로잉을 하며 지냈어.

봄, 여름, 가을, 겨울을 나타낸 그림이야.

거실을 화실로 사용했던 세잔은 아버지의 허락을 받아 벽에 〈사계절〉을 그렸어.

결국 세잔은 아버지에게 의존적이고 능력 없는 아들의 모습만을 보여 준 채 엑상프로방스로 낙향하게 돼. 당시 그의 심정이 어땠을까? 세잔은 평생 동안 아버지에 대한 콤플렉스에 시달렸어. 하지만 세잔이 끝까지 소신을 굽히지 않고 실험적인 작업에만 몰두할 수 있었던 것 역시 아버지가 물려준 어마어마한 유산

덕분이었다는 것은 부정할 수 없는 사실이야. 세잔에게 아버지는 결코 넘을 수 없는 높은 산인 동시에 편안하게 쉴 수 있는 그늘이었던 거야.

젊은 시절 파리에서 실패를 겪고 말년에 고향으로 돌아오게 된 세잔은 세상과의 소통을 거부한 채 고독하게 틀어박혀 지냈어. 그리고 자신이 그토록 좋아한 생트 빅투아르 산 가까이에 화실을 차

생트 빅투아르 산은 남부 도시 엑상프로방스에서 툴로네 쪽으로 보이는 하얀 석회암 산이야. 세잔은 툴로네로 이어지는 길 위에 서서 산을 그렸어.

리고 죽을 때까지 이 산을 그리고 또 그리면서 홀로 시간을 보내. 생트 빅투아르 산은 고집불통에 외로운 화가 세잔의 유일한 친구인 셈이었는데, 결국 이 산의 바위틈에서 현대 미술이 탄생하게 된단다.

원근법   세잔의 풍경화에는 우리가 익히 알고 있는 원근법을 찾을 수 없어. 원근법이란 멀리 있는 것은 작게 그리고 가까이 있는 것은 크게 그리면서, 색채의 짙고 옅음을 이용하여 멀고 가까움을 표현하는 전통적인 미술 기법이야. 이 기법은 눈의 착시 현상을 이용한 일종의 속임수인데, 그 표현이 너무나 자연스러워 우리가 깜빡 속아 넘어가는 거지. 마인데르트 호베마(Meindert Hobbema 1638~1709)의 그림을 볼까? 길게 뻗은 가

하나의 소실점을 중심으로 한 투시도법을 이용해 그린 풍경화야.

로수 길을 배경으로 네덜란드의 한적한 시골 풍경이 실제로 눈앞에 펼쳐지는 것처럼 보이지 않니?

그런데 심리학 연구 결과에 따르면, 우리가 실제로 지각하는 것은 호베마의 그림처럼 소실점을 중심으로 모든 것을 정확하고 질서 정연하게 받아들이는 방식이 아니야. 우리의 지각은 그다지 이성적이지 않기 때문에, 오히려 혼란스럽고 단편적인 장면들이 산만하게 들어온다고 해. 이러한 실제 인간의 시각으로 그림을 그린 화가가 세잔이고, 전통적인 원근법을 무시한 새로운 시도에서 현대 미술이 시작됐어.

이제 40쪽 세잔의 그림을 다시 보자. 화면 앞쪽에 있는 가장 가까운 풍경이나 가운데 부분이 튀어나와 보이지만, 가장 멀리 있는 산 역시 눈앞에 불쑥 솟아오르는 것 같지 않니? 마치 저 멀리 울창하게 우거진 숲 속에 가려진 산을, 망원 렌즈를 이용해 앞으로 당겨서 잡은 것처럼 말이야. 세잔은 정물화를 그릴 때와 마찬가지로 풍경 역시 필요에 따라 시점을 옮겨서 그렸어. 세잔의 풍경화는 기존의 화법에서 벗어난 완전히 새로운 그림이었지. 그런데 재미있는 사실은 세잔의 파격적인 시도가 이미 오래전 동양의 산수화에서 나타났다는 점이야.

동양의 산수화 중국 원나라의 고극공이라는 화가가 그렸다고 추정되는 〈우산도〉라는 그림이야. 동양의 화가들은 옛날부터 먼 곳의 풍경은 맨 위쪽에, 가까운 풍경은 아래쪽에 그려 왔어. 투시도법을 이용한 서양 미술의 전통적인 원근법과는 완전히 다르지.

동양의 산수화는 서양의 풍경화와 달라.

*도원
'이상향'을 비유적으로 이르는 말.

〈몽유도원도〉는 안평대군이 도원*에서 노는 꿈을 꾸고, 꿈속에서 본 광경을 화가 안견에게 이야기하여 그리게 한 그림이야. 한국 미술사의 걸작으로 꼽히는 작품이지. 동양 미술에는 옆으로 긴 형태로 되어 있어 말아서 보관하기 때문에 흔히 '두루마리 그림'이라고 부르는 형식이 있어. 우리나라의 그림 중에 가장 오래된 두루마리 그림이 바로 이 〈몽유도원도〉(48쪽)야. 일반적으로 오른쪽에서 왼쪽으로 펼치면서 보는데, 이 그림은 왼편 아랫부분에서 오른편 윗부분으로 이야기가 전개되고 있어. 그런데 왼편의 현실 세계는 정면에서 보고 그렸으나 오른편의 도원 세계는 위에서 내려다본 모습을 그렸기에 하나의 그림 속에 두 가지 시점이 공존하고 있는 거지. 일찍이 동양인들은 자연을 우주의 중심으로 보았어. 서양 미술처럼 화가의 시점만 반영된 인간 중심의 일시점 원근법이 아니라 산수의 다양한 모습을 존중하는 자연 중심의 다시점 원근법이 발달했지. 그 결과 그림을 가만히 보고 있으면, 그림 안으로 들어가 자연 속에서 이곳저곳을 돌아다니는 느낌을 받게 되는 거야. 그림을 펼칠 때마다 다채롭

조선 초기 화가 안견이 그린 〈몽유도원도〉야.

게 전개되는 산수의 모습은 실제로는 움직이지 않지만 마치 영상을 보는 것 같은 효과를 노린 매우 지혜로운 표현 방법이지.

　동양의 화가들이 산수화를 그리는 방식은 서양화가들이 풍경화를 그리는 태도와 많이 달랐어. 동양에서는 현실 세계를 그대로 옮겨 그린 그림은 유치하다고 생각했어. 단순히 집 안을 장식하기 위해 풍경화를 그린 것이 아니라, 자연의 위대함에 감탄하고 자연을 귀하게 여기는 마음을 담아 산과 물을 그렸어. 사시사철 변화하는 자연의 아름다움에 대해 깊이 사색하고 마음에 새긴 다음, 머릿속에 떠오른 소나무나 바위와 구름에 대한 여러 이미지들을 '종합'하여 산수화를 그렸던 거야. 그림만 그린 것이 아니라 분위기에 맞는 시를 지어 같이 썼어. 동양의 화가들은 산수화를 일종의 명상 도구로 생각했어. 〈우산도〉를 보고 있으면, 화가가 느꼈던 자연에 대한 무한한 동경심을 느낄 수 있지.

세잔이 자연을 대하는 태도도 이와 비슷하다고 보면 돼. 세잔은 1901년부터 로브 언덕에 자리를 잡고 계절이 바뀔 때마다 언제나 새로운 모습으로 다가오는 산의 웅장함에 빠져들었어. 그리고 깨달았어. '대지에 우뚝 솟은 산은 얼마나 강하고 의연한가. 그러면서 그 위에 나무를 자라게 하고 숲을 이루니 또 얼마나 위대한가. 오랜 시간에 걸쳐 생각하고 고민을 거듭하여 자연의 본질을 여러 각도에서 바라보는 것! 바로 이것이다!' 세잔은 다른 각도, 다른 햇빛, 다른 감각으로 본 변화무쌍한 산의 여러 모습, 즉 자연의 무궁무진한 가능성을 그림에 담아냈어.

세잔은 1906년에 생을 마칠 때까지 거의 매일 로브 언덕에서 그림을 그렸어.

준비물
목판, 아크릴 물감, 유화 물감, 나이프

세잔의 초기 작품은 주로 초상화와 정물화인데 캔버스에 그린 유화 작품이 많아. 그때는 팔레트나이프 기법을 주로 사용해서 그림을 그렸대.

우리도 팔레트나이프와 페인팅나이프로 작업을 해 보자. 나이프로 채색을 하는 것은 붓으로 하는 것보다 어려울 거야. 붓은 부드러운 느낌을 주지만 나이프로 채색을 하면 물감이 뭉개져서 거친 느낌이 들어. 또 색을 섞을 때도 곱게 섞이지 않아 여러 번 덧칠을 해야 원하는 색을 낼 수 있어.

먼저 어떤 식으로 바를 것인지 계획해야 돼. 물감을 찍어 바를 수도 있고 얇게 펴 바를 수도 있어. 나이프의 크기와 형태, 손놀림에 따라서 다양하게 표현

팔레트나이프는 물감을 섞는 데 사용하고 페인팅나이프로는 채색 작업을 해. 페인팅나이프는 종류가 다양하니 모양과 크기에 따라 원하는 것을 고르면 돼.

나이프로 물감을 바르고 긁어서 표현했어.

유화 물감을 두껍게 발라 표현했어.

할 수 있지.

　나이프로 물감을 바를 때는 충분히 연습을 하고 채색하도록 해. 유화 물감은 덧바르며 채색을 하기 때문에 물감이 두껍게 겹쳐져 건조하는 데 오래 걸려. 다른 색을 덧칠할 때는 먼저 칠한 색이 완전히 마를 때까지 기다려야 해. 그래서 스케치 후에 건조가 빠른 아크릴 물감으로 1차 채색을 하면 작업 시간을 줄일 수 있어. 또 유화 물감을 칠한 후에 아크릴 물감을 덧발라도 비슷할 질감을 내면서 시간은 줄일 수 있지.

자연의 변화　시시각각 변화하는 자연의 모습. 어디서 많이 들어 본 것 같지 않니? 그래 맞아. 인상파 화가들은 자연의 변화를 포착해서 표현

모네는 빛에 따라
달라지는 루앙 대성당의
모습을 반복해서 그렸어.

해야 한다고 소리 높여 주장했지. 인상주의를 대표하는 모네는 루앙 대성당의 모습을 시간을 달리해 연속해서 그렸어. 〈루앙 대성당〉 연작은 같은 대상이라도 햇빛이나 날씨의 변화에 따라 색채가 얼마나 달라질 수 있는지를 보여 주었어.

참 재치 있는 발상이지! 하지만 이건 모네의 창의적인 아이디어가 아니라 아주 오래전에 다른 화가가 시도한 기법을 슬쩍 가져다 쓴 것에 불과해. 그는 바로 일본 우키요에* 판화가 가츠시카 호쿠사이야. 일본 그림에 관심이 많았던 모네는 후지 산을 배경으로 그린 36개의 그림 〈부악 36경〉을 보고 착안해

각지에서 바라본 후지 산의 풍경을 담은 일본 목판화야.

*우키요에
14~19세기 일본에서 서민들 사이에 발달한 회화의 한 양식.

서 따라해 본 거야.

그렇다면 이 연작들 중에서 진짜 루앙 대성당의 모습은 뭘까? 정답은 연작 그림들 '모두 다'겠지! 그리고 모네의 연작들을 합쳐 하나로 만든 것이 세잔의 〈생트 빅투아르 산〉인 셈이야. 앞서 말했듯이 세잔은 자연의 본질을 담은 그림을 그리고자 했어. 그런데 이상하지? 세잔의 그림은 모네의 그림보다 더 투박해 보이잖아.

세잔의 풍경화는
초록색과 푸른색 그리고
노란색과 갈색의 얼룩들로
가득 차 있어.

그 이유는 여기에 있어. 생각해 봐. 순간순간 변화하는 산의 수많은 모습들을 어떻게 한 화면에 합칠 수 있을까? 세잔이 괜히 미술계의 콜럼버스라고 불리겠어? 세잔은 이 문제를 아주 간단하게 해결했어. 우리가 컴퓨터의 저장 공간을 줄이기 위해 압축 파일을 사용하는 것과 비슷한 원리라고 보면 돼. 세잔은 자연의 모든 형태를 구, 원통, 원뿔과 같은 단순한 덩어리로 간추렸어. 형태가 규격화되니 자연의 형태들을 훨씬 질서 있게 그려 넣을 수 있었지.

그런데 문제는 화면 전체가 짤막한 원색의 작은 면들로 메워져 바위,

세잔은 원근법을 따르지 않고 그렸어. 전통적인 화법에 반기를 든 거지.

산, 길, 나무, 하늘 모두가 마치 커다란 얼룩무늬처럼 보인다는 거야. 게다가 화면 전체가 앞쪽, 뒤쪽 구분도 없이 평평해 보여. 이런 과정에서 나무 줄기의 잔가지나 껍질을 쳐 내면 두께가 점점 얇아지는 것과 마찬가지로 형태를 다듬고 깎아 내다 보니 세잔의 그림에서도 공간감이 없어진 거야. 여기서 다시 압축 파일을 떠올려 보자. 압축한 파일은 '압축 풀기'를 해야만 데이터를 읽을 수 있잖아. 세잔의 그림도 마찬가지야. 세잔이 압축한 자연의 이미지를 우리가 머릿속에서 풀어내 복원해야 돼. 전체적인 풍경은 각자의 마음속에서 다시 결합되는 것이지.

세잔은 풍경화에 여백을 두어 상상의 여지를 남겨 놓았어.

　세잔은 동양의 산수화가들처럼 오랜 시간 동안 관찰한 생트 빅투아르 산과 들판, 나무 등 자연의 모습을 굵고 짧은 붓질로 규칙적이고 촘촘하게 메워 갔어. 사선의 패턴으로 이어진 모자이크 형태의 무늬들은 화면 전체에 활기찬 기운을 느끼게 해. 앞쪽에는 빨강, 주황, 노랑 계통의 따뜻한 색조를 나란히 배치해 가깝게 보이게 하고, 뒤쪽에는 청록 계통의 차가운 색조로 멀리 떨어진 것처럼 보이도록 했어. 자, 어떠니? 세잔이 여기저기 슬쩍 붓질만 해 놓았을 뿐인데 생트 빅투아르 산이 하늘 아래 뚜렷하게 드러났어.

세잔은 색채의 관계에서 대상의 본질을 찾고자 했어. 색의 경계가 곧 형태가 되었지. 저 멀리 있는 풍경 속의 하얀 점은 그것만으로는 무엇인지 알 수 없지만, 주변과의 관계 속에서 집으로 보이게 돼. 세잔은 대자연을 통해 이 세상에 홀로 존재하는 것은 없다는 것을 깨달았어.

세잔의 풍경화에는 군데군데 칠해지지 않은 부분들도 보이는데, 미완성된 그림이 아니라 화가가 의도적으로 여백을 강조한 거야. 여백은 단순히 비어 있는 곳이 아니야. 그려지진 않았지만 보는 사람의 '상상' 속에 완성되는 공간이지.

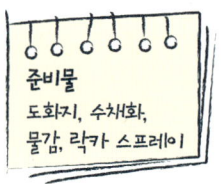

준비물
도화지, 수채화,
물감, 락카 스프레이

세잔의 그림에 나타난 여백의 효과를 강조해 보자. 주제를 여백으로 남겨 두고 나머지 배경만 칠하면 어떤 느낌이 들까?

도화지에 원하는 사물의 형태를 스케치해. 그리고 사물의 윤곽선을 따라 안쪽이 아닌 바깥 부분을 채색하는 거야. 우리가 흔히 보던 그림과는 달라 어색해 보이지. 그리다 만 그림 같이 느껴지기도 해. 하지만 이 그림에서 정물은 형태만 있고 색이나 모양은 보는 사람이 상상하는 대로 완성되는 거야.

무엇을 그린
그림인지
알아보겠니?

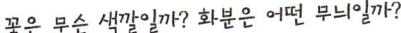
꽃은 무슨 색깔일까? 화분은 어떤 무늬일까?

정물 형태로 종이를 오려 도화지 위에 배치한 다음 락카 스프레이를 뿌리는 방법도 있어. 정물 모양의 종이가 있던 자리는 흰색으로 남고 나머지 부분만 색이 입혀지지. 붓으로 칠한 그림과는 어떻게 다른 것 같니?

현대 회화의 아버지

세잔은 눈을 통해 보이는 것을 그리지 않고 마음으로 느끼고 머리로 재구성한 산을 그렸어. 산의 겉모습이 아니라 자연의 진정한 모습을 화폭에 담고자 한 거야. 이후 세잔의 도전과 노력이 현대 미술의 기본 원리가 되었어. 20세기 천재 화가로 일컬어지는 피카소도 세잔에게서 힌트를 얻어 입체주의를 만들 수 있었어. 세잔이 없었으면 피카소도 없었을 거야. 몬드리안의 추상 미술도 마찬가지야.

피카소와 함께 입체파(큐비즘)*를 만든 조르주 브라크(Georges Braque 1882~1963)는 세잔이 앞서서 과감하게 정리해 놓은 덩어리(구·원통·원뿔)를 다시 예리한 칼로 다듬었어. 그렇게 해서 '입방체(정육면체)'가 만들어

*입체파 혹은 큐비즘
여러 각도(다시점)에서 본 대상의 모양을 한 화면에 기하학적 형태로 종합하여 표현한 미술.

세잔이 그린
레스타크의 풍경

졌어. 더 단순하고 규격화된 입방체들은 덩어리의 형태보다 구석구석 엄청난 양의 이미지를 차곡차곡 쌓아 놓을 수 있는 구조야. 브라크는 1908년 여름, 세잔이 말년을 보낸 프랑스 남부의 레스타크를 방문해 〈레스타크의 집들〉을 그렸어. 그의 그림을 보고 그림 안의 집들이 입방체(큐브, cube)처럼 보인다고 비난한 평론가의 말에서 큐비즘이란 명칭이 생겼단다. 세잔과 마찬가지로 여러 각도에서 본 사물의 모양을 종합하여 그렸지만 브라크의 그림이 더 이상하고 뒤죽박죽된 그림처럼 보이는 이유는 훨씬 더 압축된 입방체의 형태로 많은 양의 이미지를 그려 넣은 결과야. 하지만 결과적으로 우리는 이 그림을 보면서 레스타크의 풍경을 한 바퀴

브라크가 그린 레스타크의 풍경

몬드리안이 어떻게 추상 미술을 만들어 갔는지 알 수 있지!

둘러본 기분을 맛보게 된단다.

여기서 끝이 아니야. 입체파의 입방체를 아예 납작한 면으로 만들어 버린 화가도 있어. 바로 몬드리안(Piet Mondrian 1872~1944)이야. 그가 나무의 형태로 추상 미술을 만들어 가는 과정을 살펴보자.

처음에는 잔가지를 없애고 굵은 나무줄기로만 단순화해서 그렸어. 그다음에는 나무라는 것을 겨우 알아볼 정도의 굵은 선의 형태가 되더니, 결국 가는 선들만이 남았네. 이것이 화가가 찾아낸 나무의 본질이자 기본 구조야.

몬드리안은 입방체를 납작하게 눌러 버렸어. 그러면 평평한 '면'이 되겠지. 그 면을 계속 접다 보면 '선'이 되고, 이런 과정을 반복하다 보면 마지막엔 '점'이 남게 돼. 몬드리안은 '점·선·면'만 있으면 나무도 집도 사람도 표현할 수 있었어. 이게 바로 현대 기하학적 추상 미술의 원리란다.

눈에 보이는 그대로 연꽃을 그렸어.　　형태를 단순화시키고 선을 강조했어.　　색과 면만 살렸어.

준비물
도화지, 채색 도구

몬드리안의 '나무' 연작처럼 단순화의 과정을 이해하기 위해 단계별로 접근해 보자. 처음에는 형태가 분명하게 그려 보고 특징적인 부분을 찾아 계속 단순화를 시켜 나가는 거야.

처음 본 그림과 단순화 과정을 거친 그림의 주제는 똑같아. 마지막 그림만 본 사람들은 그림을 보면서 이것의 형태가 무엇이었는지 곰곰이 생각해 보게 되지 않을까?

기린의 형태 단순화

이제 왜 세잔이 '현대 회화의 아버지'로 불리는지 알겠지? 후대의 많은 화가들이 영향을 받은 생트 빅투아르 산이 세잔에게도 특별한 이유는 이 산에 대한 추억 때문이기도 해. 그곳은 어릴 적 세잔이 단짝 친구인 졸라, 바이유와 함께 소풍을 다닌 장소였어. 이들은 집에서 싸 온 점심거리를 가방에서 꺼내 같이 나눠 먹고, 강가에서 수영도 하며 예술에 대해 열렬히 토론했지. 이 아이들은 후에 각각 화가, 소설가 그리고 엔지니어가 되었어.

생트 빅투아르 산은 세잔이 평생을 두고 지켜본 마음속의 산이라고 할 수 있어. "그린다는 것은 단순히 대상을 모방하는 것이 아니다. 그것은 여러 관계 사이의 화음을 포착하는 것이다." 세잔의 이 말이 무슨 의미인지 알겠지?

4

카드놀이 하는 사람들

조르주 드 라 투르 〈클로버 에이스를 가지고 있는 사기꾼〉 1620년경, 캔버스에 유화, 146×106cm, 파리 루브르 박물관 (65쪽)
폴 세잔 〈카드놀이 하는 사람들〉 1890~1892년, 캔버스에 유화, 81.9×65.4cm, 뉴욕 메트로폴리탄 미술관 (66쪽)
폴 세잔 〈카드놀이 하는 사람들〉 1890~1895년, 캔버스에 유화, 57×47.5cm, 파리 오르세 미술관 (67쪽)
폴 세잔 〈세잔 부인〉 1891년, 캔버스에 유화, 73×92.1cm, 뉴욕 메트로폴리탄 미술관 (69쪽)
폴 세잔 〈붉은 조끼를 입은 소년〉 1894~1895년, 캔버스에 유화, 64.5×80cm, 취리히 E.G. 뷔를레 재단 컬렉션 (70쪽)
폴 세잔 〈팔레트를 든 자화상〉 1885~1887년, 캔버스에 유화, 73×92cm, 취리히 E.G. 뷔를레 재단 컬렉션 (73쪽)
폴 세잔 〈앙브루아즈 볼라르의 초상〉 1899년, 캔버스에 유화, 81×100cm, 파리 프티 팔레 미술관 (74쪽)
파블로 피카소 〈앙브루아즈 볼라르의 초상〉 1909~1910년, 캔버스에 유화, 65×92cm, 모스크바 푸시킨 미술관 (75쪽)
오귀스트 르누아르 〈앙브루아즈 볼라르의 초상〉 1908년, 캔버스에 유화, 64×81cm, 런던 코톨드 미술관 (76쪽)

옛날에도 사기 도박꾼이 있었나 봐.

카드놀이 명절에 온 가족이 모이면 주로 무슨 놀이를 하니? 윷놀이 같은 우리 전통 놀이도 있지만 카드놀이를 하는 가족도 있지! 남녀노소 누구나 다 같이 즐길 수 있는 오락거리니까. 하지만 지나치게 승부에 집착하게 되면 그건 더 이상 놀이가 아니게 돼. 바로 라 투르(Georges de La Tour 1593~1652)가 그린 그림 속의 사기꾼처럼 말이야. 왼쪽에 앉은 사기꾼이 허리띠 밑으로 카드를 바꿔치기하고 있는데, 오른쪽의 순진한 부잣집 청년은 자기 패만 들여다보고 있어.

17세기에도 도박장에서 사기꾼의 속임수에 빠져 재산을 탕진하는 사람들이 많았다고 해. '카드놀이 하는 사람들'은 도박이 나쁘다는 것을 가르치기 위한 교훈적 목적에서 옛 거장들이 많이 그려 왔던 주제야.

세잔의 관심은
카드놀이가 아니라,
사람들의 '자세'에
있었어.

    세잔은 흥미로운 주제를 발견하면 반복해서 그리곤 했어. 카드놀이 하는 사람들을 그린 그림 역시 여러 점 남아 있어. 위의 그림을 보자. 사람들은 테이블에 둘러앉아서 '불로트'라는 프랑스의 전통적인 카드놀이에 빠져 있어. 하지만 세잔의 관심은 오직 카드놀이를 하는 사람들이 만들어 내는 화면 구성과 구도를 표현하는 데만 쏠려 있었지.

    그는 구성과 배치를 달리하면서 마음에 드는 구도가 나올 때까지 그렸다고 해. 처음에는 이렇게 네다섯 명이 둥근 테이블에 둘러앉아 있거나 카드놀이를 구경하며 서 있는 구성에서, 점차 두 사람이 테이블에 마주

카드를 든 사람들의 팔 모양을 연결하면 'W' 형태가 만들어져.

보고 앉아 있는 구도로 단순하게 그렸어.

파리 오르세 미술관이 소장하고 있는 이 작품은 세잔이 카드놀이라는 주제로 그린 마지막 그림인데, 앞서 본 그림보다 구도가 훨씬 간결하지. 그래서 진지하게 카드놀이에 몰두하고 있는 두 인물의 자세에 시선이 집중돼. 테이블 한가운데에는 술병이 놓여 있어. 어른들은 카드놀이를 즐길 때 술을 마시기도 하지. 하지만 세잔이 선택한 기다란 술병은 화면 구성을 위해 의도적으로 배치한 거야. 병을 기준으로 화면이 정확하게 둘로 나뉘게 되거든.

두 인물은 카드를 쥔 양손과 팔을 황갈색의 테이블보 위에 올려놓고 있어. 여기서 서로 대칭을 이루는 두 인물의 팔을 연결하면 'W' 모양의 형태가 만들어져. 인물들의 약간 구부러진 등 모양과 두 개의 모자까지 연결해 볼까? 두 남자는 테이블 가운데 놓여 있는 술병을 중심으로 거울에 비춘 듯 거의 완벽한 대칭을 이루고 있어. 그리고 벽과 테이블보, 테이블의 수평선은 탁자 다리, 의자 등받이, 창문들의 수직선과 균형을 이루고 있어. 색 역시도 차분한 황토색과 갈색 계열의 색채로 통일된 느낌을 주고 있는데, 술병과 두 인물의 옷깃, 파이프와 카드 위에 반사된 빛을 표현한 흰 자국이 황갈색의 색조를 더욱 부각시키고 있어.

66쪽의 그림도 마찬가지야. 사람들의 손과 얼굴이 따뜻한 주황 계열의 색으로 칠해져 있어 오른편에 앉은 농부가 입은 푸른색 외투를 더욱 돋보이게 해. 그와 함께 오른편 위쪽에 있는 주황빛 커튼과 차가운 푸른색 옷이 대조되며 균형을 이루고 있어. 여기서 주황빛은 순전히 화면의 구성을 위한 장치일 뿐이야. 또한 벽의 파이프 걸이는 서 있는 구경꾼과 수직으로 만나도록 일부러 그려 넣은 거야.

이렇게 그림의 세부적인 부분들은 모두 화가가 의도적으로 배치한 거야. 그림에 우연히 혹은 즉흥적으로 들어간 건 아무것도 없어. 세잔은 끊임없이 색채와 형태 사이의 관계를 연구하며 화면을 만들어 갔지. 그래서 세잔의 그림은 얼핏 보면 어설프게 그려진 것 같지만, 화면이 균형 잡혀 있어 그림을 보며 안정감과 편안함을 느끼게 되는 거야.

세잔의 모델 이번에는 화가가 자신의 아내인 오르탕스 피케를 그린 초상화를 보자. 파리에서 책을 제본하는 공장에서 일하던 열아홉 살의 오르탕스는 자신보다 열한 살 많은 세잔을 만났어. 조용하고 어두운 성격이었던 세잔과 달리 그녀는 발랄했다고 해.

그림 속에는 세잔 부인이 녹음이 우거진 온실 정원을 배경으로 다소곳하게 앉아 있어. 늘 그렇듯이 이 그림에서도 역시 부인의 얼굴은 원, 몸은 원통과 원뿔 형태로 단순하게 표현되었어. 이 그림과 19쪽의 모네가 그린 인물화를 비교해 보자. 모네의 그림은 화사하기는 하지만 즉흥적으로 그려서 얼굴 표정도 알아볼 수 없고 인물이 공중에 떠 있는 듯 가볍게 보여. 하지만 세잔 부인의 얼굴을 보고 있으면, 화가가 강조한 단순한 형태가 얼마나 안정감 있고 평온한 인상을 주는지 잘 나타나 있지.

하지만 세잔의 모델이 된다는 것은 고문에 가까웠어. 모델로 등장하는 사람들은 주로 엑상프로방스 교외에 있는 자 드 부팡 인근의 평범한 농

세잔이 그린 아내의 초상화

왜 소년의 오른쪽 어깨와 팔이 유난히 길게 표현된 걸까? 위에서 비스듬히 내려다보면 이렇게 보이지 않았을까?

부들이었는데, 세잔은 모델에게 정물처럼 움직이지 말라고 끊임없이 주문했거든. 사과가 썩을 때까지 정물화를 그린 것과 마찬가지로, 초상화를 그릴 때도 모델을 150번이나 자리에 앉혔다고 해. 세잔의 눈에 모델의 머리나 손은 둥근 '사과'였고, 팔뚝과 몸통, 모자는 원통형의 '화병'과 다름없었어. 왼쪽 그림에서도 소년의 오른팔이 비정상적으로 길지. 조화로운 화면 구성을 위해 일부러 소년의 팔을 길게 늘여 놓은 거야. 조끼의 붉은색이 보라색 바지, 흰 소매와 대비되어 더욱 선명해 보여.

준비물
도화지, 붓펜, 연필, 수채화 물감

전신이 들어가는 인물화를 처음 그린다면 크로키 작업이 적당해. 크로키는 인물의 형태를 빠르게 스케치하듯 그려 내는 거야. 시간이 얼마 걸리지 않아 모델도 힘들지 않지. 하지만 짧은 시간 안에 그려야 하기 때문에 처음부터 인물의 비례에 맞게 그리려면 연습이 필요해.

그림을 그리기 전에 충분히 관찰해서 인물의 얼굴이나 자세에서 특징을 찾은 뒤에 반복해서 그려 보는 게 좋아. 5분 혹은 10분, 이렇게 시간을 정해서 연습을 하는 거야.

처음에는 연필을 사용하다가 연필 크로키가 익숙해지면 붓펜이나 목탄 등의 재료도 사용해 보

붓펜으로 그린 크로키

연필로 그린 크로키

신문지를 이용해 만든
수제 종이는 색이 어두워.

자. 붓펜은 가늘거나 굵은 선을 다양하게 표현할 수 있는 도구야. 목탄은 나무를 태워 만드는데 연필보다 부드럽고 잘 번지는 특성이 있어.

인물을 충분히 연습했다면 이제는 배경도 그려 봐. 인물이 있는 장소나 소품을 함께 그리면 인물의 느낌을 더욱 잘 드러낼 수 있거든.

도화지 대신 직접 만든 수제 종이에 그리고 색칠을 했더니 질감이 살아 있는 재미있는 그림이 완성됐어.

완성된 그림은 액자에 넣어 장식해도 좋겠지?

세잔은 인물화를 그리면서도 인물을 사실적으로 묘사하는 것은 물론 모델의 감정이나 개성 따위에는 관심이 없었어. 당연히 모델들로서는 불평불만이 끊이지 않았지. 그 때문에 세잔은 하는 수 없이 자신을 모델로 한 자화상을 많이 그렸어.

세잔의 인물화는 표현이 서툴어 보여. 화가가 인물에서 원통의 형태를 강조했기 때문이야. 세잔에게 사람의 머리는 구였고, 팔뚝, 몸통, 다리는 모두 원통이었거든. "나는 모든 자연에서 구, 원통, 원뿔을 본다." 세잔의 이 혁명적인 선언은 당시 미술계에서 실력 없는 화가로 조롱받는 계기가 되었지. 하지만 단순하면서도 분명한 형태를 명쾌하게 조합한 세잔의 혁신적인 사고와 고집스러운 노력은 현대 작가들에게 엄청난 영향을 미친단다. 앞서 세잔의 유명한 풍경화 〈생트 빅투아르 산〉을 살펴보면서 입체파 이야기를 했던 것 기억하니? 세잔의 인물화 역시 현대 미술의 입체파를 탄생시키는 계기가 되었거든.

세잔의 자화상을 보면 오직 자신의 세계에만 빠져 있는 외골수적인 성격이 그대로 느껴져.

세잔이 그린 볼라르의 초상화야. 이 그림은 피카소가 입체주의를 완성시키는 데 결정적인 영감을 주었어.

볼라르의 초상 왼쪽 그림은 세잔의 그림에 처음으로 관심을 가진 미술상 앙브루아즈 볼라르의 초상화야. 수직선과 수평선이 만나서 전체적으로 화면을 십자 형태의 구도로 나누고 있어. 정수리에서 코를 지나 셔츠와 재킷으로 내려온 선이 안쪽으로 꼰 다리로 이어지지. 이 선은 볼라르의 어깨선 위쪽 창문의 선과 수직으로 만나고 있어. 화가가 사용한 색채도 회색, 붉은색, 갈색 계열로 차분하게 조화를 이루고 있지. 이 그림은 입체주의의 탄생을 예고한 작품이라고 할 수 있어.

자, 여기서 입체파를 대표하는 화가인 피카소가 같은 모델을 그린 초상화를 볼까? 피카소가 세잔의 단순화 작업을 한 단계 더 발전시켰다고 설명했었지? 세잔은 볼라르의 모습을 단순한 원통 형태로 만들었어. 그런데 피카소는 여기서 더 나아가 인물의 형태를 몇 개의 면들로 더욱 단순화시켰어. 피카소에게 형태란 앞면, 뒷면, 윗면 등으로 구성된 입체의 덩어리였기 때문이야. 피카소는 사방에서 본 볼라르의 모습을 하나로 담아내기를 원했어. 그래서 여러 방향에서 본 볼라르의 모습을 한 화면 안에 나누고 펼쳐서 구성했어. 그래서 우리는 하나의 그림 속에서 볼라르의 앞모습, 뒷모습 그리고 옆모습까지도 동시에 볼 수 있게 된 거야.

피카소가 그린 볼라르의 초상화

르누아르가 그린
볼라르의 초상화

볼라르의 얼굴과 몸은 날카롭게 각진 면으로 이루어져 있어. 그뿐만 아니라, 배경까지 면으로 처리가 되어 화면 전체가 평평하게 보여. 그런데 피카소의 그림을 보고 있으면 이상하게 깊이감과 공간감까지 느껴지지. 더욱 놀라운 건 조각조각 나눠진 파편들이 어수선하게 뒤섞여 있음에도 화상 볼라르의 얼굴의 특징과 개성이 그림을 통해 전달된다는 점이야.

비슷한 시기에 그려진 르누아르의 그림과 비교해 보면 피카소의 그림이 얼마나 획기적인 방식으로 그려졌는지를 알 수 있어. 르누아르는 테이블 앞에 앉아 작은 조각상을 들여다보는 볼라르를 밝은 색채로 표현했어.

볼라르는 도대체 누구길래 이렇게 많은 화가들이 그의 초상화를 그린 걸까? 그는 19세기 후반~20세기 초 파리에서 큰 영향력을 떨쳤던 미술 수집가이자 판매상이야. 당시 미술계에서 인정받지 못하던 인상주의에 관심이 많아 르누아르, 세잔, 피카소의 그림을 구입하고, 갤러리를 운영하면서 인상파 전시를 열 수 있도록 도움을 주었어. 이들에게 볼라르는 은인이었던 셈이지.

세잔과 피카소, 르누아르의 그림을 보니 분명하게 느껴지지 않니? 충격적인 입체주의 회화로 현대 미술의 새 장을 연 피카소가 세잔의 영향을 받았다는 점 말이야.

준비물
도화지, 먹지, 물감,
얼굴 사진, 채색 도구

피카소의 그림 속 인물들은 이상해 보여. 얼굴이 나눠져 있거나 눈, 코, 입의 위치와 모양이 어색하거든. 사진을 이용해 피카소의 인물화를 흉내 내 보면 입체파 작품을 이해하는 데 도움이 돼.

먼저 여러 각도에서 얼굴 사진을 찍어. 사진을 인쇄하여 몇 조각으로 자르고, 다양한 각도의 얼굴 조각들을 한 장으로 구성하면 옆모습과 앞모습이 동시에 존재하는 얼굴이 되지. 이렇게 만든 사진 아래 먹지와 도화지를 대고 그리거나 사진을 보고 따라 그리면서 선을 정리하고 과감하게 변형하는 거야. 스케치가 끝나면 물감으로 선명하게 채색을 하고 윤곽선을 강조해 주면 돼.

포스터 물감을 이용하면 더 선명하게 표현할 수 있어.

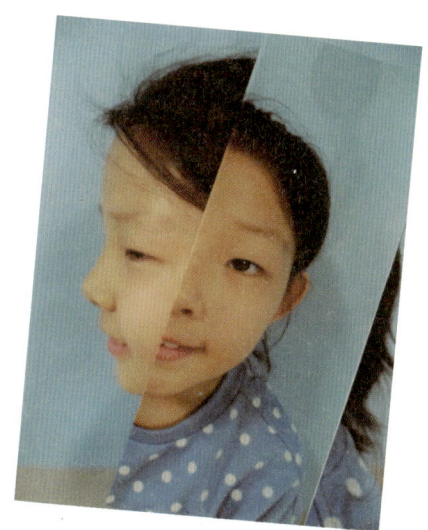

사진을 보고 따라 그렸어.

5

자연 속의 여인들

폴 세잔 〈다섯 명의 목욕하는 여인들〉 1885~1887년, 캔버스에 유화, 65×65.5cm, 바젤 미술관 (81쪽)
장 오귀스트 도미니크 앵그르 〈터키탕〉 1862년, 캔버스에 유화, 직경 110cm, 파리 루브르 미술관 (82쪽)
폴 세잔 〈대수욕도〉 1900~1906년, 캔버스에 유화, 250.8×210.5cm, 필라델피아 미술관 (83쪽)
폴 세잔 〈목욕하는 여인들〉 1883~1887년, 캔버스에 유화, 45×29cm, 엑상 프로방스 그라네 미술관 (84쪽)
알렉상드르 카바넬 〈비너스의 탄생〉 1863년, 캔버스에 유화, 225×130cm, 파리 오르세 미술관 (85쪽)
폴 세잔 〈목욕하는 여인들〉 1894~1905년, 캔버스에 유화, 196.1×127.2cm, 런던 국립미술관 (87쪽)
파블로 피카소 〈아비뇽의 처녀들〉 1907년, 캔버스에 유화, 234×244cm, 뉴욕 현대미술관 (89쪽)
앙리 마티스 〈춤〉 1910년, 캔버스에 유화, 391×260cm, 상트페테르부르크 에르미타주 미술관 (91쪽)
앙리 마티스 〈수영장〉 부분 그림 1952년, 삼베 위에 종이 콜라주·구아슈*, 847×230.2cm, 뉴욕 현대미술관 (92쪽)

*구아슈 물과 아라비아고무를 섞어 만든 불투명한 수채 물감.

목욕하는 여인들 세잔은 생애 마지막 10년 동안 '목욕하는 사람들'을 그리는 데 전념해. 목욕은 세잔에겐 근심 걱정 없이 행복했던 어린 시절의 추억을 떠올리게 만드는 주제이기도 했거든. 세잔은 어릴 적 아르크 강에서 단짝인 졸라, 바이유와 함께 수영을 하면서 놀았어. 세잔은 옷을 훌훌 벗어 던지고 야외에서 맨몸으로 수영을 하며 자연과 하나가 되는 순간을 맛보았어. 너희도 상상해 봐. 흙이나 돌이 발바닥에 닿는 감촉, 물살에 몸이 떠내려가는 느낌……. 물

세잔이 그린 〈목욕하는 여인들〉은 동네 아주머니들을 보는 것 같아.

가에 떠다니는 풀뿌리가 보이고, 가만히 누워 있으면 물 흐르는 소리, 새 소리, 벌레 소리, 바람 소리가 들리면서 마치 낙원에 온 것 같았겠지.

그런데 이상하게도 세잔의 〈목욕하는 여인들〉을 보면, 인물의 표정도 알아볼 수 없고, 누가 누구인지 구별되지도 않아. 비슷한 시대에 활동했던 화가 장 오귀스트 도미니크 앵그르(Jean Auguste Dominique Ingres 1780~1867)가 그린 〈터키탕〉과는 사뭇 다르지.

19세기 유럽 사람들 사이에서는 '오리엔트', 즉 동방 세계에 대한 관심이 아주 뜨거웠어. 특히 오스만 투르크 제국과의 전쟁을 통해서 들어온 터키풍의 의상이나 장식, 풍속 등이 유럽 사회에서 크게 유행을 했어. 비

*하렘
오스만 제국의 왕비와 후궁들이 거처하는 방.

록 적대적인 관계에 있는 나라였지만, 중동 국가에 대한 환상에 신비로움이 더해져 유럽인들을 열광하게 만들었어. 미술계 역시 이국적인 '오리엔탈리즘'이 흐름을 지배하게 되었지. 앵그르의 그림은 터키에 있는 한 목욕탕의 모습을 그린 거야. 화가는 실제로 터키탕을 방문한 적이 없었지만, 자신의 상상 속에서 구성한 이국적인 정경 속에 하렘*의 여인들이 목욕하고, 화장하고, 차를 마시거나 연주하고 춤을 추는 모습을 정교하면서도 아름답게 그렸어. 19세기 최고의 초상화가답게 앵그르는 뛰어난 묘사력과 세련된 솜씨로 사진을 보는 듯 섬세하고 우아한 나체화를 완성했단다.

앵그르의 여인들이 터키탕에서 그리스 조각 같은 몸매에 뽀얀 피부를 자랑하고 있다면, 시골 강둑에서 시끌벅적하게 목욕하는 세잔의 여인들은 넉넉한 뱃살과 튼튼한 팔다리를 넉살 좋게 드러내고 있지. 인체의 묘사도 상당히 거칠어. 오른쪽 그림을 보면 앞줄 오른편의 여인은 허벅지까지만 보이고 종아리는 보이지도 않아. 그 옆에 엎드려 있는 여인은 다리가 너무 짧고 등골과 엉덩이가 이어지는 부분도 어색하지.

양쪽 나무줄기가 삼각형의 양변을, 여인들의 자세는 삼각형의 밑변을 구성하고 있어.

현실적인 세잔의 나체화

  세잔은 인물 작업을 할 때 자신이 모델을 보고 그려 둔 드로잉이나 박물관에서 명화를 모사한 그림, 사진, 잡지 삽화 등을 이용하는 것을 좋아했다고 해. 사실 지방 도시에서 누드모델을 구하는 건 쉽지 않았을 거야. 하지만 세잔이 표현하려고 한 것은 인물의 개성이 아니었으니 상관없었지. 세잔은 앵그르처럼 육체의 아름다움에 초점을 맞춰서 그리지 않았어. 화가가 원한 것은 인물의 어깨선이나 몸통의 방향을 산의 곡선 혹은 나무의 곡선과 조화롭게 배치하는 것이었어. 인물들은 동작에 따라 배경의 나무와 평행을 이루거나 각을 만들면서 자연의 움직임에 순응하고 있어. 83쪽 〈대수욕도〉의 왼편에 서 있는 인물이나 왼쪽 〈목욕하는 여인들〉에서 나무에 기댄 인물의 자세를 보면, 나무 둥치와 같은 각도로 맞춰져 있다는 것을 확인할 수 있지.

세잔이 그린 목욕하는 여인들은 자연의 리듬에 맞춰 길게 드러누워 있거나 웅크리고 있어. 어떤 여인은 등이 너무 길거나 다리가 제대로 그려져 있지 않고, 바닥에 축 늘어져 있기도 해. 세잔의 여인들은 우리가 보통 생각하는 매력적인 여성 모델, 예를 들면 카바넬(Alexandre Cabanel 1823~1889)의 〈비너스의 탄생〉에 등장하는 여성의 이상적인 아름다움하고는 거리가 멀어.

이 그림은 1863년 프랑스 살롱전에 출품되어 평단과 대중의 찬사를 받았어. 더욱이 나폴레옹 3세가 구입하면서 유명세를 탔던 작품이야. 당

비현실적인
카바넬의 나체화

시 사람들의 취향에 딱 맞는 이상적인 비너스상, 즉 연분홍빛 피부에 여성스러운 포즈를 취하고 있는 여신을 그려 놓았기 때문이었지.

그런데 이 여성은 현실과 너무 동떨어져 있어. 분홍색 물감 통에 담갔다 빼기 전에야 이렇게 점 하나 없는 완벽한 피부를 가지는 건 불가능하지. 게다가 기지개를 펴듯 두 팔을 올리고 누워 있는 비너스의 포즈가 한편으론 묘하게 에로틱했거든. '여신인 듯, 여신 아닌, 여신 같은' 이 비너스의 이중성에 대해 에밀 졸라는 '흰색과 붉은색의 아몬드 반죽'이라고 맹비난을 퍼부었어. 에밀 졸라의 지적은 예리했어. 오늘날 이 작품에 대한 평가는 많이 달라졌거든. 게다가 카바넬의 이름을 기억하는 사람도 그리 많지 않아.

다시 세잔의 그림으로 돌아가 볼까? 세잔의 여인들은 청초한 여신이 아니라 평퍼짐하고 튼튼한 아주머니를 연상시켜. 심지어 몸매가 두루뭉술해서 여성인지 남성인지 구별도 안 되고, 어디까지가 자연이고 어디부터가 인간인지 구분하는 것이 무의미할 정도야. 세잔에게 그런 건 중요한 문제가 아니었어. 화가의 관심은 온통 풍경과 인물의 균형에 쏠려 있었으니까. 화가는 일단 자연 풍경을 주의 깊게 관찰하고, 인물이나, 나무, 산들을 기하학적 형태로 단순화시켰어. 보는 시점도 하나의 고정된 시점으로 처리하지 않았어. 세잔은 목욕하는 사람들이 나무, 하늘, 물의 흐름과 함께하며 자연의 일부가 되어야 한다고 생각했거든. 결국 나무둥치와 인물의 형상, 강둑과 강이 만나 그림 안에 커다란 삼각형을 만들도록 그렸어. 삼각형 구도는 시각적으로 가장 안정감을 주는 구도야.

자연과 하나가 된 세잔의 여인들

삼각형 구도를 이해하기 위해 삼각형 모양의 종이에 그림을 그려 보자. 어떤 주제든 괜찮아. 삼각형에서 연상되는 것을 그려도 좋고 삼각형 구도에 어울리는 것을 그려도 좋아. 이렇게 완성한 그림을 모아 더 큰 삼각형 형태로 모을 수도 있지.

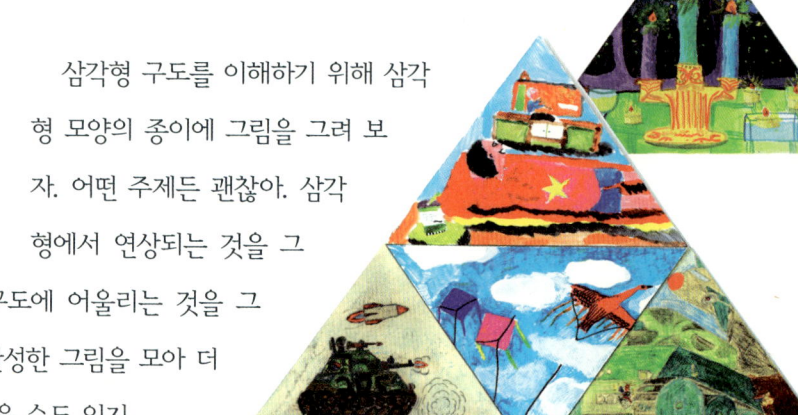

고정 관념을 깨다 그림의 전체적인 풍경은 결국 보는 사람의 마음 속에서 다시 결합되어 새롭게 태어나는 거야. 그것이 바로 말년에 세잔이 다다르고자 했던 '자연에의 동화'야. 세잔은 인간과 자연의 가장 조화로운 모습을 그리려고 부단히 노력했고, 현대 미술에 엄청난 영향을 미치게 돼. 미술사 최초의 입체주의 작품으로 평가받는 피카소의 〈아비뇽의 처녀들〉은 세잔이 일생을 바쳐 추구한 〈목욕하는 여인들〉을 본떠 그렸어.

피카소는 세잔의 회고전을 보고 큰 감명을 받아 이 작품을 완성했어. 그런데 작품 발표와 동시에 미술계가 발칵 뒤집혔어. 피카소의 〈아비뇽의 처녀들〉은 서양 미술의 모든 질서를 뒤집는 완전히 새로운 그림이었거든. 그림에 등장하는 여인들은 날카로운 칼로 조각조각 잘린 파편들로 구성되어 있어. 오른쪽의 두 여인은 무섭게 생긴 아프리카 가면을 쓰고 우리를 노려보고 있지. 피카소는 미술이란 '아름다움을 표현하는 예술'이라는 고정 관념을 완전히 깨뜨렸던 거야.

입체주의의 시초가 된
피카소의 〈아비뇽의 처녀들〉

그림 아래쪽에 놓인 과일과 탁자는 위에서 내려다본 모습이고, 여성들을 그린 각도도 제각각이야. 얼굴을 보면 이목구비도 시점이 통일되어 있지 않아. 피카소는 다양한 각도에서 본 여성의 몸을 종합해 놓았는데, 이것은 세잔의 방식을 모방한 거야. 마치 괴물의 형상을 연상케 하는 이 작품은 입체주의의 시작임과 동시에 현대 미술의 신호탄이 되었어. 입체주의는 현대의 미술 운동 가운데 가장 파격적인 혁명으로 손꼽혀. 이후 현대 미술가들은 전통 미술과는 전혀 다른 예술적 가치를 찾아내, 거칠지만 매력적인 화풍을 활짝 열게 된단다.

강한 생명력 세잔은 인물을 자세히 묘사하지 않았어. 세잔이 원했던 건 각 인물의 개성보다는 인물과 풍경의 조화였거든. 이런 표현 방식은 야수파[*]에도 많은 영향을 끼쳤어. 특히 세잔의 〈목욕하는 여인들〉은 피카소의 라이벌이었던 앙리 마티스(Henri Matisse 1869~1954) 역시 열광하게 만들었어. 색의 화가이자 야수파의 거장인 마티스의 〈춤〉을 볼까? 빨강, 파랑, 초록색과 검은 윤곽선으로 그려진 마티스의 그림은 단순하고 강렬해. 원색으로 가득 찬 화면은 거칠지. 하지만 차분한 색감에서는 느낄 수 없는 생생한 생명력이 넘쳐흐르지 않니?

그림의 배경에는 시원하게 탁 트인 하늘과 싱그러운 푸른 언덕이 보여. 이렇게 때 묻지 않은 순수한 자연 안에서 인물들은 손을 마주 잡고 원을 그리며 춤을 추고 있어. 마티스가 그린 여인들 역시 젊고 늘씬한 팔등신의 멋진 몸매가 아니야. 가슴이나 배가 축 늘어진, 현실에서 볼 수 있는 자연스러운 모습이야. 이들은 문명에 물들지 않은 자연 안에서 마음껏 춤을 추고 있어. 인물들의 동작은 가슴을 열고 상대방을 받아들이는 포용의 자세로 보여. 이곳에선 잘남도 못남도 없이 모두가 하나되어 조화를 이루고 있어. 이 그림의 핵심은 바로 강한 원시의 생명력 그리고 날아갈 듯 자유로운 해방감이야.

[*]야수파
20세기 초에 프랑스에서 일어난 회화 경향으로 단순하고 대담한 변형과 굵은 선, 강렬한 색채와 자유분방한 터치가 특징인 현대 미술.

마티스의 인물들은 너무나
편안해 보이지 않니?

　마티스는 노년에 복부암 수술을 받고 휠체어에 의지해 생활할 정도로 건강이 나빠졌어. 그는 더 이상 그림을 그릴 수 없게 되자 색종이를 가위로 잘라 오려 붙이는 콜라주* 작품에 매달렸어. 92쪽 작품은 그중의 하나로 니스에 있는 자신의 스튜디오 식당에 설치한 8미터가 넘는 대작이야. 단순한 형태와 단조로운 색으로 구성하여 푸른색의 인물과 수영장의 물결이 명확하게 구별되지도 않아. 화가는 인물이 물결의 흐름을 따르면서 절묘한 조화를 이룬 모습을 밝고 경쾌하게 표현했어.

　일렁이는 파도에 몸을 맡기고 수영했던 시간을 떠올려 봐. 물고기가 된 듯 물결의 리듬을 탔던 자유로운 순간이 느껴지지 않니? 마티스는 인간과 자연의 조화를 이렇게 멋지게 표현한 거야. 세잔이 그랬던 것처럼 말이야.

*콜라주
풀로 붙인다는 뜻으로 화면에 종이나 철사, 나뭇잎 따위를 붙이는 근대 미술 기법.

신나게 수영을 하던
기억을 떠올려 봐.

　세잔이 죽을 때까지 평생을 바쳐 추구한 위대한 예술혼은 '목욕하는 여인들'에 그대로 담겨 있어. 전체적으로 푸른 색조를 띠고 있는 풍경 속으로 하늘, 물, 초목이 어우러져 있고, 그 안의 인물들은 너무나 자연스러워. 세잔의 그림은 늘 그렇듯이, 처음에는 굉장히 낯설지만 자꾸 보고 싶은 매력을 동시에 갖고 있단다.
　마티스는 세잔에게 진 빚을 이런 말로 갚았어. "세잔은 신과 같은 존재입니다."

6

위대한 사과

미켈란젤로 〈**천지창조 중 '아담과 하와의 유혹과 낙원추방'**〉 1508~1512년, 프레스코*, 570×280cm, 로마 바티칸 궁전 시스티나 성당 천장화 (95쪽)
페테르 파울 루벤스 〈**파리스의 심판**〉 1632~1635년, 목판에 유화, 193.7×144.8cm, 런던 국립미술관 (96쪽)
1860년경의 에밀 졸라와 폴 세잔 (97쪽)
카미유 피사로와 함께 있는 세잔 (98쪽)
카미유 피사로 〈**붉은 지붕의 집**〉 1877년, 캔버스에 유화, 65.5×54.5cm, 파리 오르세 미술관 (99쪽)

*프레스코 석회를 바른 벽이 마르기 전에 수채로 그리는 기법.

뱀의 꾐에 넘어간
아담과 하와가
선악과를 따먹고 있어.

사과, 어디까지 아니?

"나는 사과 하나로 파리를 놀라게 하고 싶다." 세잔이 친구인 에밀 졸라에게 보낸 편지에 쓴 말이야. 훗날 세잔은 이 말 그대로 사과 정물화를 통해 파리뿐 아니라 미술계를 놀라게 했어. 세잔에게 사과는 그저 맛있는 과일이 아니었어. 신기한 것은 그의 삶 역시 사과를 빼고 얘기할 수 없다는 점이야.

역사상 유명한 사과들이 있어. 에덴동산에서 사탄의 유혹에 넘어가 아담과 하와가 따 먹은 사과 때문에 원죄가 시작된 사건이나, 그리스 신화 속 파리스가 아프로디테에게 건넨 황금 사과가 불씨가 된 트로이 전쟁, 윌리엄 텔이 아들의 머리 위에 올려놓은 사과를 활로 쏘아 명중시키며 일어난 자유·민주주의 사상, 뉴턴이 땅으로 떨어지는 사과를 보고 만유인력 법칙을 발견한 과학 혁명 등 중요한 역사적 사건들 속에서 사과는 세상을 바꾸고 인류가 새로운 세계에 눈 뜨는 데 한몫했어. 세잔의 사과

파리스는 가장 아름다운 여신으로 아프로디테를 선택했어.

역시 20세기 미술을 낳는 데 결정적인 역할을 했지.

정말 대단하지 않니? 그런데 사과의 활약은 여기서 끝이 아니야. 21세기에도 역시 사과가 맹활약을 하고 있거든. 바로 스티브 잡스의 사과(애플)야. 애플은 혁신적인 디지털 제품을 개발하여 우리의 삶을 한층 풍성하게 만들어 주었어.

우정의 사과, 갈등의 사과 세잔과 사과의 인연은 에밀 졸라와의 만남에서 시작되었어. 때는 1852년, 콜레주 부르봉 시절로 거슬러 올라가. 당시 졸라는 가난하고 몸집이 왜소했으며 지독한 근시까지 있었어. 어느 날 졸라가 급우에게 일방적인 괴롭힘을 당하고 있었는데, 의협심 강한 건장한 체구의 세잔이 나타나 도와주었어. 졸라는 고마움의 표시로 세잔에게 사과를 선물했고, 이 일을 계기로 친해진 둘은 수업이 끝나기가 무섭게 근교에 있는 아르크 강가나 비베뮈 채석장으로 놀러 다니면서 수영을 하고, 목탄으로 그림을 그리기도 했어. 평소에 말이 없고 소극적이었던 세잔은 졸라와 친해지면서 활발하게 시와 예술에 대해 이야기를 나눴어.

졸라가 건네준 사과는 세잔의 인생을 완전히 바꿔 놓았어. 1861년, 법률가로 성공하기를 원하는 아버지의 반대를 무릅쓰고 파리로 간 세잔은 모네, 드가, 르누아르 같은 화가들과 사귀면서 가난한 예술가의 길로 들어서게 된단다. 하지만 적극적으로 사회에 참여하려 했던 졸라는 화실에서 은둔하며 사과만 그리던 세잔을 못마땅하게 여겼어. 그러다 결국 일이 터지고 말았지. 졸라가 발표한 소설 『작품』에는 자신만의 세계에 갇혀 살다가 결국 실패하는 무능한 화가가 주인공으로 등장해. 이를 두고 자신을 풍자한 것이라 생각한 세잔은 졸라에게 마지막 편지를 보내고 30년 지기 죽마고우의 우정은 깨지고 말아. 그 뒤로 세잔은 다시는 졸라를 만나지 않았어. 하지만 졸라가 죽었을 때 그 누구보다도 슬퍼했다고 해.

갈등을 일으키고 증오를 낳은 사과와의 인연은 계속 이어져. 이후 사과는 정물화의 소재가 되어 미술의 혁신을 이끌어 내고 결국 피카소로 대변되는 입체파를 탄생시키게 돼.

아름다운 스승, 피사로
세잔의 인생에서 뗄 수 없는 인물이 바로 인상파 화가 카미유 피사로(Camille Pissarro 1830~1903)야. 피사로는 수많은 젊은 화가들에게 인상주의에 대해 조언을 해 주었던 인물이지만, 특히나 세잔에게는 아버지 같은 스승이었어. 아래 사진은 피사로가 일 드 프랑스*의 독특한 빛을 보여 주기 위해 세잔을 데리고 가던 날 찍은 거야. 두 사람은 화구를 메고 파리 근교의 작은 마을의 벌판에 서 있어. 세잔의 초기작은 대체로 어둡고 거칠었어. 세잔은 피사로를 만나 인상주의 기법과 빛을 표현하는 방법을 배웠고, 함께 야외로 나가 그림을 그렸지. 그곳의 풍경을 보고 색채의 아름다움을 발견하며 화가로서 성장하게 된 거야.

소심하고 사교적이지도 않은데다가 예측할 수 없는 성격의 세잔은 주변 사람들로부터 늘 따돌림을 당했어. 하지만 이런 세잔도 피

*일 드 프랑스
'프랑스의 섬'이라는 뜻으로, 센 강과 마른·우아즈 강이 접하는 지점에 해당하며 물로 둘러싸여 있기 때문에 붙은 이름이다. 대략 파리의 대도시권에 해당한다.

스승 피사로와 함께 있는 세잔(오른쪽)

사로 앞에서는 순한 양처럼 온순해졌다고 해. 아무도 상대해 주지 않던 무명의 청년 화가 세잔을 품고 다독이며 인정해 주고, 나아가야 할 방향을 제시해 준 유일한 사람이 피사로였어. 물론 오늘날 세잔이 이룩한 업적은 피사로를 뛰어넘었다고 평가받지만, 따뜻한 인성을 가진 피사로가

피사로가 그린 〈붉은 지붕의 집〉이야. 세잔은 피사로에게서 빛의 표현법을 배웠어.

없었다면 세잔의 획기적인 작품들은 탄생하기 힘들었을 거야. 세잔 스스로도 자신을 '피사로의 제자, 세잔'이라고 당당히 밝힐 정도였거든. '청출어람'이라는 말을 아니? '푸른색은 쪽에서 나왔지만 쪽빛보다 더 푸르다'라는 뜻이야. 제자가 스승보다 더 나음을 비유하는 고사성어인데, 피사로와 세잔의 관계에 딱 맞는 말이지.

세잔은 스승의 가르침을 통해 자연의 본질을 깨닫고 그것을 그리기 위해 평생을 바쳐. 생전에 널리 인정받지 못하고 실패한 시골 화가로 살다 간 세잔이지만 그의 작품은 20세기 미술의 새로운 방향을 제시했단다. 거의 모든 현대 미술이 세잔의 작품에서 비롯되었다고 해도 과언이 아니야. 피카소는 세잔에 대한 존경심을 이렇게 표현했어.

"우리에게 세잔은 마치 자식들을 보호하는 어머니와 같았다."

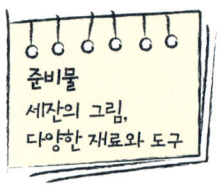
준비물
세잔의 그림,
다양한 재료와 도구

세잔의 사과 정물을 나만의 느낌으로 모사해 보자.

그림을 따라 그려 보면 눈으로만 봤을 때보다 그림의 구성을 잘 이해하게 돼. 정물의 배치와 구도에서 오른쪽 왼쪽, 위아래의 비율이나 어두운 부분과 밝은 부분의 비율, 과장 및 생략을 통해 강조되는 부분을 이해할 수 있어. 따라 그리기라고 해서 반드시 똑같을 필요는 없어. 스케치를 하거나 채색 과정에서 그때그때 자유롭게 바꾸어도 돼.

13쪽에 있는 〈사과와 오렌지〉를 그려 봤어. 정물이 배치된 모습은 원작과 비슷하지만 다양한 재료와 기법으로 표현했어. 배경은 잡지를 찢어 모자이크 작업을 했고 사과는 크레파스를 녹여 표현했어. 식탁보는 천을 잘라 붙이고 물감으로 칠해 명암을 넣었어. 그림을 완성한 후에 원작과 비교하면서 어떤 점이 비슷하고 어떤 점이 다른지 이야기해 보자.

크레파스 녹이기를 할 때는…

1. 일반 양초보다는 작은 장식용 초인 티라이트 양초가 안전해요.
2. 티라이트 양초를 물에 띄워서 사용하면 불이 날 염려가 없어요.
3. 크레파스가 짧아지면 다른 것으로 사용하세요.
4. 녹인 크레파스를 붙일 부분에는 미리 부직포나 천을 붙여 둬요.
   그래야 크레파스가 굳은 후에도 떨어지지 않아요.
5. 꼭 어른과 함께하세요.

다양한 기법이 한 작품 안에 모두 들어 있어.

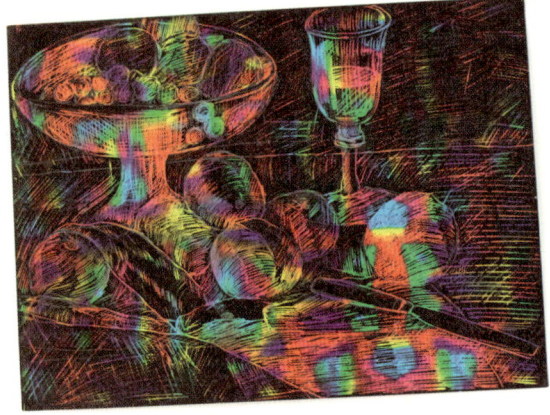 

왼쪽 그림은 스크래치 페이퍼를 긁어서,
오른쪽 그림은 아크릴판에 매직펜으로 표현했어.

새로운 재료를 사용하면 재미있는 효과를 얻을 수 있어. 스크래치 페이퍼는 안쪽에 여러 가지 색이 인쇄되어 있고 그 위에 어두운 색으로 특수 코팅이 되어 있어. 그래서 뾰족한 도구로 긁으면서 그림을 그릴 수 있지.

*폴리스티렌판
ps판을 검색하면 구입할 수 있다. 흰색과 투명 두 종류가 있으며, 크기도 다양하다.

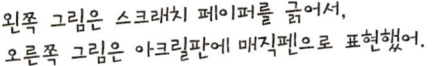

폴리스티렌판*을 이용해 세잔의 그림을 닮은 소품을 만들어 보자. 판에 볼펜이나 네임펜으로 그림을 그리고 오븐에 넣어 1분 정도 구우면 판이 오그라들면서 크기가 줄어들어. 조심해서 판을 꺼낸 후 바닥에 놓고 두꺼운 책으로 잠시 눌러 주면 평평하게 펴져. 이렇게 만들어진 그림은 처음에 그린 그림보다 1/4 정도로 작아진다는 점을 기억해.

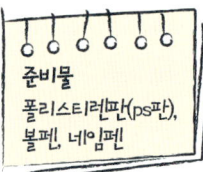

완성된 판에 고리를 끼워 열쇠고리로 사용하거나 가방에 달 수 있어.

부록

1. 세잔의 발자취
2. 고집스러운 작가, 에밀 졸라
3. 미술관에 놀러 가요

세잔의 발자취

1839년 1월 19일 엑상프로방스에서 모직 모자 판매상이었던 아버지 루이 오귀스트 세잔의 장남으로 태어남.

1852년 콜레주 부르봉에 입학함. 이곳에서 에밀 졸라, 장-밥티스탱 바이유와 친구가 됨.

1857년 엑스 시 데생 학교에 등록함.

1859년 아버지의 뜻에 따라, 엑스 대학의 법학 과정에 입학함. 아버지가 자 드 부팡을 구입함.

1861년 법학 공부를 포기하고 파리의 미술학교 아카데미 스위스에서 공부함. 이곳에서 카미유 피사로를 만남. 고향 엑스로 돌아와 아버지의 은행에서 일하며 다시 데생 학교에 입학함.

1862년 은행을 그만두고 파리로 돌아감. 그림이 거칠다는 이유로 파리 에콜 데 보자르 입학에 실패함.

1863년 르누아르, 모네, 시슬리 같은 인상주의 화가들과 만나며, 낙선자 전람회에 출품함.

1864년 살롱전에 낙선하고 파리와 엑스를 오가며 생활함.

1869년 후에 아내가 될 열아홉 살의 제책소 직공 오르탕스 피케를 만남. 살롱전에 또다시 낙선함.

1870~1871년 보불 전쟁을 피해 오르탕스와 함께 레스타크에서 지냄. 살롱전에 계속 낙선함.

1872년 아들 폴이 태어남. 프랑스 북부의 퐁트와즈에서 머물며 피사로와 함께 작업함.

1873년 의사인 가셰 박사와 친구가 됨. 미술상 탕기 영감과 반 고흐를 만남.

1874년 제1회 인상파 전시회에 출품함.

1876~1877년 인상파 전시회에 연이어 출품함. 살롱전에 낙선함.

1878년 아버지가 오르탕스와 폴의 존재를 알고 생활비를 끊음. 소설『목로주점』으로 성공한 에밀 졸라에게 경제적인 도움을 받음.

1885년 살롱전에 또다시 낙선 후, 다시는 출품하지 않기로 결심함.

1886년 실패한 화가를 소재로 쓴 졸라의 소설『작품』으로 인해 졸라와 절교함. 4월 28일 엑스에서 오르탕스와 결혼함. 10월 23일 아버지가 사망한 후 막대한 금액의 유산을 상속받음.

1888년 일 드 프랑스에서 머물며 고갱을 만남.

1889년 미술품 수집가 빅토르 쇼케의 도움으로 파리 만국 박람회에 〈목을 맨 사람의 집〉을 전시함.

1890년 브뤼셀 전시회에 작품 세 점을 출품함. 당뇨병으로 고생하기 시작함.

1892년 퐁텐느블로 숲 근처 마를로트에 집을 한 채 구입함.

1893년 파리와 엑스를 오가며 작품 활동을 함.

1895년 12월 파리에 있는 앙브루아즈 볼라르의 갤러리에서 첫 개인전을 열게 됨.

1896년 카이유보트가 기증한 세잔의 작품 두 점이 루브르 박물관에 소장됨. 비베뮈 채석장에서 그림을 그림.

1897년 어머니 사망. 볼라르가 세잔의 화실에 있는 모든 작품을 구입함. 베를린 국립미술관에 작품을 판매함.

1898년 엑스와 느와르 성 주변에 머물며 작업함.

1899년 자 드 부팡을 처분함.

1900년 엑스에서 지내며 파리의 세기전에 세 점의 작품을 출품함.

1901년 엑스가 내려다보이는 로브 거리의 토지를 매입하여 아틀리에를 지음. 독립 미술가 전시회에 출품함.

1902년 9월에 에밀 졸라가 사망함.

1903년 에밀 졸라가 수집한 세잔의 작품이 경매에 붙여짐. 피사로가 사망함.

1904년 30점의 작품이 전시된 가을 살롱전을 보기 위해 파리를 방문함. 베를린에서 두 번째 개인전이 열림. 은둔 생활을 하며 당뇨병으로 몸이 쇠약해짐.

1905년 가을 살롱전과 런던의 그래프턴 화랑의 전시회에 작품 10점을 전시함.

1906년 그림을 그리던 중 폭풍우를 맞고 폐렴에 걸림. 10월 22일 사망하여 엑스의 성 피에르 묘지에 안장됨.

1907년 가을에 세잔의 회고전이 열림.

고집스러운 작가, 에밀 졸라

에밀 졸라는 세잔을 설명할 때 빼놓을 수 없는 중요한 사람이야. 어린 시절을 함께 보낸 친구였을 뿐 아니라 세잔이 파리에서 그림 공부를 하도록 설득하고, 그림을 계속 그릴 수 있도록 경제적인 도움을 주기도 했어. 졸라가 없었다면 지금의 세잔 역시 없을지도 몰라.

에밀 졸라 (1840. 4. 2 ~ 1902. 9. 29)

졸라는 1840년 파리에서 태어났지만 토목 기사였던 아버지를 따라 엑상프로방스로 이사를 왔어. 그곳에서 세잔을 만나고 산과 들판을 돌아다니며 우정을 쌓아. 하지만 아버지가 세상을 떠난 후, 가난 때문에 다시 파리로 돌아간 졸라는 고등 이공 학교 입학 자격 시험에 두 번이나 떨어지고, 1862년 아셰트 출판사에서 일을 시작해. 늘 책을 가까이했기 때문일까? 1864년에는 첫 단편집을 내고 소설가로서 첫발을 내딛게 돼.

1866년에 출판사를 그만두고 본격적인 작가의 길로 들어선 졸라는 미술전을 다룬 비평문에서 보수적인 기성 화가들을 비판하고 마네, 피사로, 모네, 세잔 등이 속한 인상파를 지지했어. 또한 정치·사회에도 관심이 많아 제2제정*을 비판하는 기사를 쓰기도 했어. 1871년부터 출간된 졸라의 '루공-마카르 총서' 역시 이 시대가 배경이야. 한 여자와 농부 루공, 알코올 중독자인 마카르 사이에서 태어난 자손들이 제2제정 시대에 살아

*제2제정
1848년에 일어난 '2월 혁명'으로 임시 정부가 구성되고 나폴레옹 1세의 조카, 루이 나폴레옹이 황제로 즉위하며 성립되었다.

가는 이야기를 다루고 있지. 총서는 20권으로 이루어져 있는데, 그중 파리 하층 노동자의 삶을 그린 『목로주점』이 베스트셀러가 되고 뒤이어 출간된 『나나』『제르미날』도 인기를 얻으면서 졸라는 유명 작가이자 자연주의 문학*의 선구자로 우뚝 섰어. 그는 사회의 문제점이나 인간의 욕망, 하층민의 비참한 생활을 숨기지 않고 작품에 담았지.

*자연주의 문학
사람들이 살아가는 모습이나 사회 문제를 그대로 묘사한 문학.

에두아르 마네 〈에밀 졸라의 초상화〉
1868년, 캔버스에 유화, 114×146cm,
파리 오르세 미술관

「로로르」지 1면에 실린 졸라의 글. '나는 고발한다!(J'Accuse...!)'라는 제목 아래에는 '공화국 대통령에게 보내는 편지'라는 부제가 붙어 있어.

그러던 중 1894년 드레퓌스 사건이 일어났고, 유대인 사관 드레퓌스가 독일 대사관에 군사 정보를 팔았다는 혐의로 종신형을 받았어. 사실 독일 대사관에서 빼내 온 서류의 글씨 모양이 드레퓌스의 것과 비슷하다는 점 외에 별다른 증거도 없었지만 프랑스 군이 그에게 죄를 뒤집어씌운 거야. 더구나 진짜 간첩으로 밝혀진 소령은 무죄로 석방되었지. 졸라는 1898년 1월 13일 '나는 고발한다!'라는 글을 발표해 판결에 문제를 제기하며 드레퓌스의 무죄를 주장해.

신문은 빠르게 팔려 나갔어. 어떤 이들은 졸라를 비난하며 인형을 만들어 불태웠고, 다른 한쪽에서 예술가, 과학자, 교수 들은 드레퓌스 사건을 다시 판결해 달라는 청원서에 서명을 했어. 프랑스 사회는 혼란에 빠졌지. 결국 징역과 벌금형을 선고받고, 생명의 위협까지 느낀 졸라는 영국으로 망명할 수밖에 없었어. 그리고 1년이 넘게 지나 1899년 6월에 프랑스로 돌아오지만 그로부터 3년 뒤, 1902년 9월 29일 의문의 가스 사고로 숨을 거둬. 드레퓌스는 1906년에서야 무죄 판결을 받았어.

세잔과 졸라. 두 사람은 같은 시대를 살았지만 세잔이 남부의 시골에서 조용히 작품에 몰두하고 있는 동안 졸라는 사회에서 일어나는 사건들에 관심을 갖고 적극적으로 자신의 목소리를 냈어. 결국 세잔은 작업실에서 자신만의 독창적인

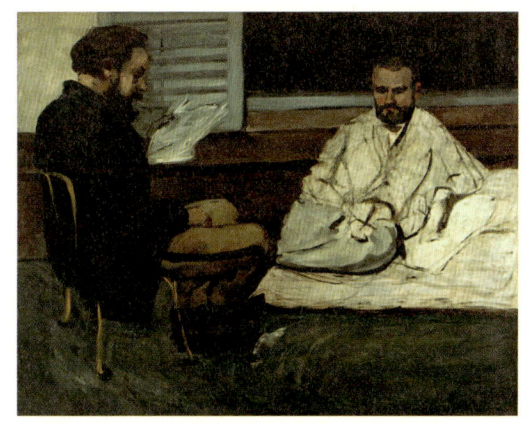

폴 세잔 〈에밀 졸라에게 책을 읽어 주는 폴 알렉시스〉
1869~1870년, 캔버스에 유화, 160×130cm, 상파울로 박물관

미술을 탄생시켰고, 졸라는 자연주의 문학의 대가로 인정받았지만 의문의 죽음을 맞았지. 그러나 두 사람 모두 자신이 옳다고 믿는 목표를 이루기 위해 평생을 바쳤다는 점에서 닮았어.

미술관에 놀러 가요

서울시립미술관   sema.seoul.go.kr   02) 2124-8800

예술의전당   sac.or.kr   02) 580-1300

경인미술관   kyunginart.co.kr   02) 733-4448

성곡미술관   sungkokmuseum.org   02) 737-7650

국립현대미술관   mmca.go.kr   02) 2188-6000 (과천관)
　　　　　　　　　　02) 3701-9500 (서울관)   02) 2022-0600 (덕수궁관)

국립중앙박물관   museum.go.kr   02) 2077-9000

호암미술관   hoam.samsungfoundation.org   031) 320-1801

경기도미술관   gmoma.or.kr   031) 481-7000

강릉시립미술관   gnmu.gn.go.kr   033) 640-4271

대전시립미술관   dmma.daejeon.go.kr   042) 270-7370

경남도립미술관   gam.go.kr   055) 254-4600

부산시립미술관   art.busan.go.kr   051) 744-2602

포항시립미술관   poma.kr   054) 250-6000

대구미술관   daeguartmuseum.org   053) 790-3000

전북도립미술관   jma.go.kr   063) 290-6888

광주시립미술관   artmuse.gwangju.go.kr   062) 613-7100

제주도립미술관   jmoa.jeju.go.kr   064) 710-4300

※ 자세한 정보는 미술관의 인터넷 홈페이지와 전화를 통해 문의하시기 바랍니다.